U1076825

创业家

严兆海◎著

SPM
南方出版传媒
广东经济出版社
·广州·

图书在版编目（CIP）数据

创业家 / 严兆海著. —广州：广东经济出版社，2018.5
ISBN 978-7-5454-6123-7

Ⅰ. ①创… Ⅱ. ①严… Ⅲ. ①创业－案例－汇编－中国 Ⅳ. ①F249.214

中国版本图书馆CIP数据核字（2018）第046853号

出 版 人：姚丹林
责任编辑：易 伦 甘雪峰
责任技编：许伟斌
装帧设计：海阔天空

创业家
CHUANGYEJIA

出版发行	广东经济出版社（广州市环市东路水荫路11号11~12楼）
经销	全国新华书店
印刷	北京联兴盛业印刷股份有限公司（北京市大兴区春林大街16号1幢等2幢）
开本	787毫米×1092毫米 1/16
印张	15
字数	166 000
版次	2018年5月第1版
印次	2018年5月第1次
书号	ISBN 978-7-5454-6123-7
定价	68.00元

如发现印装质量问题，影响阅读，请与承印厂联系调换。
广东经济出版社常年法律顾问：何剑桥律师
· 版权所有 翻版必究 ·

目录/CONTENTS

第一章

迈入万众创业时代

第二章

捕捉创业商机

第三章

踏上创业节拍

第四章

晋级终极导师

第五章

定位经营策略

第六章

主导战略领航

第七章

突破顶层设计

第八章

晋升企业导师

第九章

拥抱创业合伙人时代

第十章

培育创业家精神

前言

人因梦想而伟大，因学习而改变，因创业而成功。每个人心中都有一个伟大的财富梦想，都想实现身心灵自由和财富自由。

每一个创业者心中都有一个成为企业家的梦想。但是，从一个普通的创业者到一个成功的企业家，要经历一个漫长的过程。在这个过程中，如何让所创之业立于不败之地，如何快速找到最好的项目，如何具备企业家所需的各种潜质和特质，这些都是需要深入学习的。

让自己的企业在市场化经济的浪潮中立于不败之地，从而快速实现身心灵自由和财富自由，这是每一个创业者心中的目标。一个人如何从青涩的打工者转变为创业者，成长为创业家，一步步走向成功？本书将为你揭开这个秘密。

任何一个时代都是创业的最好时代，任何一个时代也同样是创业的最坏时代。

其实，成功者和我们一样，都是普通人。无数成功人士的真实经历可以告诉你，他们的真实故事和你在媒体上看到的不太一样：

那些成功因素、主角光环、水到渠成，都是后来的崇拜者们人为添加上去的；他们没有那么多的投入，也没有获得那么多的财富；他们的意志也不是永远那么坚定，他们没有考虑那么多，甚至没有想过自己会如此成功，因为这个世界上从来就没有未卜先知。

苹果是什么滋味，咬一口才会知道；创业是什么感觉，也只有经历过的人才有最深切的体会。其实，相比创业带来的物质财富，企业家们更加珍惜的是创业过程中所经历的种种磨难。正是缘于这样的经历，一些富豪在经历意外一贫如洗之后，只要意志没有消沉，东山再起的不在少数。这样的神奇经历是“只可意会，不可言传”的。如果想体验这样的神奇经历，就大胆尝试吧，毕竟临渊羡鱼，不如退而结网。

打工是“监狱”，创业是“越狱”。

在创业中战斗，在创业中修炼，在创业中成长。

第一章

迈入万众创业时代

第二章

捕捉创业商机

创业分享：国家的强大，民族的振兴以经济为基础，经济的繁荣以企业为基础，而企业的强大则以企业家为根本，所以企业家是推动国家发展、社会进步的重要力量。

——严兆海

突围创业困境

随着互联网的产生、发展，这个时代快速改变着传统的企业。在众多创业的案例中，传统企业的失败率很高，成功率很低。

在当下的移动互联网时代，中国掀起了万众创业的热潮，大部分创业者主张创新。在市场经济发展的背景下，创业门槛不断降低，普通创业者获得了许多创业机会。创业者投身于创业浪潮中，经历着时代的洗礼，面对着许多磨难。

随着创业机会不断涌现，资本市场不断成熟，创业者面临着新的考验。

近两年，在创业的浪潮中，能够成功创业并快速获得利润的公司很少。在1000家创业公司当中，可能有950家公司都瞬间倒下。据不完全统计，只有5%的公司能在创业的过程中生存下来，走向盈利；只有0.1%的公司能够达到一定的规模。其中，很难有一家公司走向上市。

在融资浪潮中，很多公司拿到了A轮、B轮，甚至C轮的风投，结果却在创业的路上倒下了。

创业是这个时代的趋势，是一种潮流，是我国经济发展的核心动力。创业者为中国发展提供强大动力的同时，难免要经历失败的洗礼。

那么，创业失败的原因有哪些呢？创业者应该如何突破创业困境呢？我认为，创业者要从不同角度出发，解决根本问题。

项目应具备可操作性

有的创业者选择项目前不进行调查，对市场把握不准确，仅仅凭借自己的想象拟定项目，结果发现这些项目在现实中不具备可操作性，没法落实。

良好的团队

创业需要有良好的团队基础。举例来说，一个大学生到社会上工作，获得了一定的资历和阅历，并且取得了一定的财富积累之后，在梦想的驱使下开始寻找项目创业，显然有些冲动。

要知道，创业不是一个人的事情，它是一个团队的事情。3 个人、5 个人、6 个人、8 个人，几个人集合在一起可以称为团队。一个拥有核心力量的团队，才能铸就一个项目的成功，才能与竞争对手赛跑。

除此之外，在一个良好的团队中，成员的能力应该比较均衡才好。我们可以把团队比作一个木桶，如果出现短板，木桶的容量就会大大降低。

启动资金要充足

在创业的路上，很多公司因为启动资金不足而最终失败，由于资金链断裂而倒闭。因此，充足的启动资金是创业成功的关键因素之一。

商业模式

在创业过程中，如果无法主导和引领商业的变化，终将导致公司被市场淘汰。所以说，正确的商业模式也是创业成功的关键因素之一。

创业者的能力

创业能否成功，企业能否顺利发展，这取决于团队创始人的能力。创业者经营、驾驭企业的核心能力是创业成功的关键因素之一。如果创业者不具备管理企业的能力，不能使企业规避风险，也无法抓住机遇，那么企业发展必然失败。

商业竞争

创业时难免会遇到强大的竞争对手。从某种程度来说，竞争对手决定了你的未来。我们做任何事情，都由三个要素制约着成败，即客户需求、市场空间、竞争对手。仅凭着热情、冲动、梦想就贸然进入一个领域，如果遇到强大的竞争对手，很可能就会导致创业失败。

总而言之，如果不能规避导致创业失败的因素，就可能在创业的路上遭遇失败。创业是一个综合因素的比拼，涉及资金、团队、项目等多个方面，任何一个方面的缺失都可能会导致创业失败。只有考虑到所有的负面因素，做好失败的心理准备，才能在创业路上应付自如。

作为一个创业者，如果你把存了若干年的资金拿出来创业，18 个月之后负债累累，那么就是“辛辛苦苦若干年，一夜回到解放前”。

因此，各位亲爱的创业者，如果你想通过创业改变命运，想走自主发展之路，想掌控身心灵自由和财富自由，想成为未来的企业家，你就要在创业之初做好心理准备，不打无准备之仗。

需要特别说明的是，对于创业者来说，有一种能力最重要，那就是企业创始人的企业经营管理能力。也就是说，只有当你的综合素质能够驾驭企业的时候，企业才不会走向失败。

如今是建立在互联网生态环境之下的万众创业、大众创新的时代，互联网经济又称为“知识经济”或“智慧经济”，智慧经济的核心是人创造和颠覆未来的能力。如果你有足够的知识、认知和能力储备，相信你可以用智慧规避风险、用眼光驾驭未来，可以为企业保驾护航，可以在创业过程中立于不败之地。

搭建创业团队

创业的第一件事不应该是想着怎么赚钱，而应该是想着怎么聚人。一支优秀的创业团队无疑是事业成功的基础，团队的创造力和执行力决定着创业的成败。

一个人可能有很多想不到的地方，但是几个人、几十个人、几百个人一起去想、去做，就有可能面面俱到。这个道理在现代的商业理论中一般称为“蜂巢思维”，也就是说，一只蜜蜂不可能搭好自己的住所，但是一群蜜蜂一起努力，就可以把它们的蜂巢全部搭好，而且附带捕食、繁衍功能。优秀的团队具有非常高的责任感和执行力、良好的合作意识、饱满的进取心。

那么，问题来了：在创业初期，怎样才能搭建这样的创业团队呢?

团队是企业的灵魂所在，是企业能否成功的最主要判定标准。一个优秀的合伙人可以帮助企业实现目标，一个不合适的合伙人不但不能推动企业发展，实现飞跃，还有可能给企业带来毁灭性的灾难。因此，对于创业者来说，创业的第一步就是学会识人，也就是认识到什么样的合伙人符合标准，什么样的合伙人不利于企业稳定发展。合伙人至关重要，因为你在未来的一段时间内都将与他一起分享这个企业的命脉和权力。

有数据表明，大部分创业者失败的主要原因正是在于团队成员不够优秀或者配置不够合理。《孙子兵法》有云：“胜兵先胜而后求战，败兵先战而后求胜。”失败的企业其实从最开始的时候就已经注定了要失败。

找到既有能力又有忠心的人

在创业者看来，这个世界上只有三种人：一是能力不强但非常忠心的人，这种人可以信任但不能重用；二是能力强但私心较重的人，这种人同样不能重用，因为他们可能会为了自身利益出卖团队；三是能力强又非常忠心的人，创业者需要的就是这种人。

创业者在选择人才的时候，要尽可能地擦亮双眼，识别出能力强又忠心的人，将各方面的人才合理配置，企业才能获得长足发展。

心往一处想，劲往一处使

从某种角度看，找合伙人跟找对象一样重要。合伙人是事业上的另一半，在一起创业的过程中，合伙人是不是能心往一处想、劲往一处使，是非常重要的。就像人的手掌，如果五个指头握紧之后用力打出去，可以置人于死地；如果五指分开打出去，受伤的一定是自己。

团队需要的是价值观相同的人，团队目标必须是团队成员的共同目标，只有这样，制定的战略才能发挥出最大的效力。商场如战场，《孙子兵法》有云：“上下同欲者胜。”团队成员为了同一个目标奋斗的时候，那股号召力和凝聚力是不可比拟的。团队不是人数越多越好，如果没有凝聚力，再多的人也不过是一群乌合之众。

合理配置不同的人才

对创业团队来说，规模大小并不重要，但是必须有各种各样的人才。如果创业团队里清一色的全是技术流成员，那么销售等环节肯定会存在问题。当然，团队里也不能全是终端销售人员。优秀的团队必须聚拢各路人才，大家在一起取长补短，相互配合，这样才能把事业做好。

通常情况下，优秀的团队应该包括下面几类人：首先，应该有一个具有创新精神的人，让他来决定公司的发展方向，他是团队里的“战略家”，相当于船队中的“舵手”；其次，还需要一个策划能力超强的人，他是团队里的“战术家”，他可以冷静地分析船队面临的危机与风险，使船队既不至于搁浅，也不至于撞上冰山；再次，还需要一群执行力非常强的人，这些就是为船队航行提供动力的船员；最后，可能还需要一些科研人员和财务人员等。

维护团队成员间的关系

团队成员选择完成之后，创业者还应该加深团队成员之间的感情，维护团队成员的关系。只有团队成员之间的关系融洽了，团队才能长久地合作下去。俗话说“和气生财”，维护合伙人之间的良好关系，应该放在创业的第一位。

通常而言，绝大多数创业团队的核心成员并不是很多，通常只有 3~10 个人。创业者在创业初期千万不能因为人数比较少而掉以轻心。团队成员虽然不多，但如果每个人都坚持自己的观点，各行其是，企业在运营过程中一定会出现各种乱象。因此，创业者在维护团队成员的关系时，绝对不能忽视任何一个人。

了解每一个人

创业者应该了解每一个团队成员的性格、优点、缺点等特征，清楚每个人应该做什么、适合做什么。楚汉相争的时候，刘邦在得到天下之后感叹：“我谋不如张良，带兵不如韩信，治国不如萧何！”刘邦的感叹很诚实，但他就是依靠这些人打败了不可一世的项羽，开创了大汉基业。

在创业的过程中，创业者不但应该清楚地认识到自己的优劣势，同时也要对团队成员的优劣势了如指掌，这样团队才能互相配合、互相弥补，从而形成向心力和凝聚力。

利益合理分配

在创业之初，创业者一定要做到利益合理分配，这样才能让团队成员合力为了团队、为了企业的发展贡献力量。

很多创业企业会在股份分配时出现不合理的问题，一旦分配不均，团队成员之间就会出现嫌隙，甚至怨恨，小怨不解决，肯定会生出更大的怨恨。因此，在股份分配上一定要有一个主导者，合理的股份分配可以把每个团队成员的执行力集中到一个方向上，将团队的力量发挥到最大。

摆正自己的位置

创业者在与合伙人交往的时候要摆正自己的位置，尽可能地真诚、互相尊重。如果大家既是合伙人也是出资人，创业者想要维护团队成员之间的亲密关系，就应该不停地提醒自己，双方是为了共同的利益才在一起做事，不管出的钱多少，都是期望投入的资金能够获得最大的回报。

创业团队在遇到困难的时候应该向前看，而不要互相抱怨。如果只看到对方的错误而互相抱怨，矛盾就会越来越大，最后可能导致整个团队止步不前。只有一起努力想办法解决眼前的困难，才能攻克难关，让企业转危为安，抵达成功的彼岸。

每个人都有缺点，但是在团队里面，成员之间取长补短就会形成一个没有缺点的团队。作为团队的领导，你需要做的不是跟马群一起跑，而是骑在马上跑，跑一会儿，喂一次马，张弛有度，这样的创业才是合理的，才能“马到成功”。

寻找创业资金

启动资金是每位创业者“万里长征”的第一难关，无法获取创业的第一桶资金是很多创业者常见的，也是很困难的问题。拥有丰厚的资金不能保证创业的成功，但是没有资金绝对是创业道路上的拦路虎之一。很多有激情、有梦想，想要创业的年轻人，往往因为缺少资金——这个创业的根本，而力不从心。

到底该如何有效筹集资金，并且加以利用呢?

寻找投资合伙人

创业者为企业融资最简单、最有效的方式就是寻找投资合伙人，他们既可以带来资金，又可以带来人脉，人财两得。这些投资合伙人，有的希望主导企业的决策，有的则希望和创业者一起做企业的决策。但是不管怎么说，第三方投资者带来的资金和人脉对企业的发展都大有好处。

申请创业贷款

如果创业者一时找不到合适的投资合伙人，可以选择以贷款的方式为企业筹集资金。如果是大学生创业，政府和学校都会给予一定的政策支持，获得投资的可能性非常大。需要清楚的是，创业贷款的利息一般不会太低，而且一旦企业后期运转不善，导致还不上贷款，可能会被追究责任，所以一定要规划好贷款的额度和还款时间。

众筹

众筹是一种比较新的募集资金的方式，现在有些电影也都通过众筹的方式进行融资。

早在 2014 年，著名美国电影《美眉校探》的大部分资金就是通过众筹募集来的。目前许多大型网络公司都已经推出了众筹平台，我们可以在 APP 或者网页上轻松众筹一个项目。

通过竞赛获得资金

现在，“大众创业，万众创新”思想已经逐渐被大多数人所接受，很多学校、电视台都会举办各种各样的创业大赛，参加这些项目获奖之后可以获得很多奖励，包括奖金、一些成功人士的指导或者政策性支持等，即使不能获得奖励，这样的比赛曝光率都非常高，本身就附带着广告效应，对创业者来说非常有利。

加入孵化器或加速器

孵化器和加速器可以为刚刚创业的公司提供丰富的信息、资源，可以帮助创业者寻找融资机会，助推企业发展壮大。需要注意的是，孵化器或者加速器一般带有“社区性”。

创业者寻找资金时，上述方法都很好。许多企业家发现，在他们追求职业目标、扩张业务、维持竞争力时也会用到这些方法。

上述的 5 种方法是创业者获得资金来源的常见手法。创业需要一点一滴的积累，不能急于求成。作为企业初创者，在企业发展初期要时刻保持资金的风险把控能力，要擅长寻找各种可利用的渠道去获取资金。

跳出创业陷阱

近几年，国内的失业率逐年上升，毕业即失业的人越来越多，创业成了很多年轻人的第一选择。但是，现在很多媒体在宣传中过分突出了“创业”这个词的传奇色彩，而没有在第一时间告诉创业者：创业就是要进入一个弱肉强食、适者生存的残酷世界，商海沉浮，被“淹死”的人不在少数，比活下来的要多得多。

在 100 家新创业的企业中，一年之后能活下来的可能连 5 家都不到，10 年之后可能只剩下了一两家。创业之前一定要认清创业的残酷性，不然很可能会落到没有退路的地步。

找到自我认识的误区

每个人都有梦想，每个人都希望成功。任何人都可以创业，但是在创业之前一定要认清自己，抛弃脑中对创业前景的美好幻想，盲目创业是非常危险的事情。

目前失业率居高不下，工作非常不好找，打工不但要经常加班，赚的钱也不多，很多人就是在生活的压力下选择创业的。但是他们很可能并没有认清自己，并不了解创业的时候应该做什么，不应该做什么，这就属于典型的盲目创业。

创业是有门槛的，最主要的门槛就是创业者的承受力，包括身体的承受力和心理的承受力。在创业的路上，坎坷比坦途要多。来自客户的压力、来自同行的压力、来自员工的压力、来自政府职能部门的压力，各个方面的压力会令创业者的身心备受煎熬，而且必须24小时随时准备着解决问题，起早摸黑也要咬牙坚持。

即使跨过了创业的门槛，也要看创业者是不是能够敏锐地发现创业机会，是不是能抓住机会并一直坚持下去。通常情况下，能够敏锐地发现机会的人不能坚持做事，能够执着坚持做事的人都比较呆板。只有既敏锐又执着的人才能实现团队的壮大、自己的成长、企业的长期盈利。

事实上，能够做到既敏锐又能坚持的创业者万中无一。很多人只是为了自己的创业情结而创业。我们鼓励有创业情结的人去创业，只有尝试过才知道能否成功。但是需要注意，这种尝试要以不伤到自己的“元气”为前提。

创业指导并不可靠

常常有人问我：“我想创业，做什么项目好？”“某某行业的市场前景怎么样？”“您能帮我做一下市场分析吗？”面对这些问题，我一般会这样回答：“您还不太了解创业，目前不是特别适合创业，还需要提高自身的能力，拓宽自己的知识面。”

这时，有些人会继续坚持自己的想法：“虽然我不懂，但我有决心啊，何况现在有很多地方可以找到创业指导。”事实上，没有任何导师的意见会100%适合你的情况，创业如果得到的帮助太多，离成功反而可能越来越远。

创业的基本逻辑是：即使没有任何人的帮助也能成事，天助自助者。如果创业者总是有许多问题需要别人帮忙拿主意，那就说明他不适合创业。

创业是选择一种挑战，是一种孤独的突破，是一种勇敢探索梦想的冲动。创业就是在参与残酷的商业游戏，大多数人是带着资金进去的，极少数人能带着更多的钱出来。而且，市面上许多所谓的创业机构与创业辅导者，他们并没有创业成功的经历，本身都不知道创业的门道在哪里。因此，对于寻求创业指导，创业者不要抱有太高的期望。

不要自我估价过高

我指导过一位大学生，他在学校时常常和同学们去吃西餐，于是毕业之后想开一家西餐厅。他后来请人做了市场评估，还计划要请职业经理人，但是他自己的资金有限，需要父母的支持。可想而知，父母认为他没有经验，不可能成功。遇到这样的情况，我们也建议他不要着急创业，先找个类似的餐厅打工，熟悉一下这个行业的情况，然后再谈创业。但是他不听劝，认为自己受过高等教育，在大学期间也做过一些小生意，坚信自己可以做好。

大部分大学生创业都有这样“初生牛犊不怕虎”的精神，但是因为盲目的自信、过分的乐观，往往结果并不好。

创业者在创业初期都有创业的激情，但是许多创业失败的案例正是因为这种创业激情，它使创业者人为地放大了自己的长处，忽视了自己的不足，也没有认识到创业路途中的各种困难。大学生固然理论知识丰富，但是缺乏创业实践，需要在创业实战中多多学习。

因此，创业者不要高估自己，在任何时候都要想到自己的不足，摆正自己的心态。创业需要量力而行，良好的心态是创业成功的保障。

经典案例：

IBM的企业管理

创业过程中，选人、用人、留人至关重要，IBM的管理体系值得创业者们学习。具体怎样实施，还要看管理者的管理能力。

选人

IBM招纳员工注重基本职业素质和专业技能两个方面。新员工进入IBM，首先要进行为期4个月的集中培训。培训内容包括IBM的历史背景、规章制度、技术和产品，以及基本的工作规范和工作技巧。培训采用课堂授课和实地练习两种形式。培训结束后，进行考核。合格者，获得结业证明；不合格者，将被淘汰。

在IBM看来，经过4个月的培训，只是使受训者有了一个IBM员工的基本概念。要成为IBM的正式员工，还要经过一年的实习。实习期间，公司给每个新员工派一位师傅，一对一地进行帮带。而且，师傅和徒弟要共同制订一个实习计划，明确师傅教什么、徒弟学什么。实习期间，要定期向人力资源部和新员工所在部门反馈实习情况。

用人

实习结束后，就到了选择走什么路的时候了。年初，员工要做工作计划和个人发展计划，提出继续深入做现在岗位工作或变换岗位的计划和职业生涯发展计划。如果决定继续做现有岗位，员工可以提出自己还需要参加哪些内容的培训，想参与哪个项目，也可以要求继续有一个师傅带自己。如果提出变换岗位，要说明现有素质能力及如何适应新岗位。

留人

美国《时代周刊》曾这样评价IBM："没有任何企业会这样对世界产业和人类生活方式带来和将要带来如此巨大的影响。"这恐怕是对一个企业的最高评价，也从另一个角度说明了IBM的成功。关心和积极帮助员工的个人成长，并把员工自身价值的实现与企业的发展有机地结合起来，让员工与公司一起成长，这应该是IBM成功的真正奥秘。

经典案例：

中建一局国际工程公司的企业管理

企业内部员工思想统一的关键是企业文化。中建一局国际工程公司（以下简称国际工程公司）成立之初，人员来自四面八方、五湖四海，既有常驻海外多年、经历过很多海外工程的“老海外”，也有刚刚投身国际事业、从未接触过海外项目的“新人”；既有中建一局系统内调配到国际工程公司的优秀人才，又有从外部引进的高端成熟人才。责重山岳，能者方当。国际工程公司汇聚了系统内外的大量人才，不少人在以往的工作岗位上，都取得了突出业绩，但面对新形势、新任务、新要求，大家仍然会感到有些本领不足和能力恐慌，亟须通过不断学习，提高工作能力。因此，国际工程公司明确提出：“全员创业”的基础是“全员学习”，提高工作能力，不仅要靠公司的培养，更要靠大家自身的努力。

作为初创的国际工程公司，公司化建设基础薄弱，可借鉴的管理经验很少，需要结合海外业务特点，从零开始组织大量的建章立制工作，需要尽快从每一项具体业务中总结出规律，固化成制度流程，再通过不断修订完善，提升整体管理水平。在这个过程中，会遇到大量的新问题，也会遇到很多新困难。此时的公司，需要的绝不仅仅是公司领导班子几个人决策，下级都跟在上级后面执行，而是所有人的脑子一起转，领导和员工一起干。

国际工程公司组织了一次覆盖100%员工的全员调研。通过互联网问卷，引导大家说出对企业和自身发展的期望，掌握了海内外员工的思想动态；通过谈心谈话，收集了企业内部各个层级的员工对企业转型升级和改革发展的具体建议。并且，整理形成《国际工程公司员工思想动态调研报告》，组织公司党委中心组学习，提交公司党委会专题研究，最终确定了构建公司企业文化的定位和方向。

从企业转型升级的压力和海外业务发展的实际状况出发，拼搏奋斗无疑是新成立的国际工程公司的主旋律；从海外业务的复杂性和员工对职业发展的不确定心态出发，激发广大员工的主人翁意识，引导大家“从0到1”搭建发展平台，亲手创造美好未来是当务之急。综合考虑发展海外业务和做强做优做大企业的艰巨性、复杂性，国际工程公司最终聚焦创业文化作为企业改革发展的重要支撑。

第二章

捕捉创业商机

第三章

踏上创业节拍

创业分享：这个世界上有一种稀缺动物——企业家，他们是财富的化身，他们是成功的标志，他们在任何时代都是稀缺资源！

——严兆海

技术所产生的商机

20 世纪 90 年代初期，许多先进的科学技术开始进入中国。随着中国经济成分的多元化和人才市场化进程的加快，更多的科技人才加入到自主创业的队伍中，他们利用高新技术的优势，乘着改革开放的东风，打造自己的“江山”。

无线通信领域的领军企业UT斯达康，中国门户网站的领军企业搜狐，号称“更懂中文”的搜索引擎巨头百度……它们都是科技人才的心血之作，都是中国经济发展的见证人和亲历者。

1987 年，山西小城阳泉一名 19 岁的青年——李彦宏，面临着人生的第一次重大抉择——填报高考志愿。高中时，他曾参加全国青少年程序设计大赛，在人们纷纷猜测他能否被北京大学计算机系录取时，李彦宏却出人意料地填报了信息管理系，并且论据充分：将来，计算机肯定应用广泛，单纯地学计算机还不如把计算机和某项应用结合起来有前途。

北大让李彦宏学会了独立思考。在面临毕业的 1991 年，李彦宏决定“走出去看世界”。猛啃了一大堆“托福”书之后，他如期接到了纽约州立大学布法罗分校的入学通知，将去那里攻读计算机专业研究生。

留学的生活忙碌且充实，导师的一句话让李彦宏的人生轨迹发生了改变："搜索引擎技术是互联网一项最基本的功能，应当有未来。"当时是1992年，互联网在美国还没有普及，李彦宏就已先人一步开始行动：他放弃专攻计算机，开始钻研信息检索技术。

1993年4月，一次偶然的机会让李彦宏进入松下研究所实习。在这个工业、IT界的研究基地，李彦宏接触到许多鲜活的事例。在这些事例的影响下，他决定放弃攻读博士学位，进入华尔街，担任《华尔街日报》网络版实时金融系统设计人员。这段时间是李彦宏的"技术丰收期"，他成为创建ESP技术的第一人，并且将之成功应用于Infoseek/Go.com的搜索引擎中。1996年，李彦宏又率先解决了如何将基于网页质量的排序与基于相关性排序完美结合的问题，由此还获得了美国专利。

顶着"高级顾问"的头衔，李彦宏接触最多的就是财经新闻，当他看到雅虎的杨致远、网景的安德森等互联网英雄几乎每天占据着重头版面时，这个年轻人产生了一股冲动——到硅谷去！1997年夏天，李彦宏来到硅谷，加盟硅谷当时最成功的搜索技术公司Infoseek。在Infoseek，他见识了一个每天支持上千万流量的大型工业界信息系统的工作流程，并写成了第二代搜索引擎技术。

看着每天有几百万人使用自己的技术，李彦宏心中的满足感不言而喻。但随着搜索新秀Google借用自己的技术迅猛崛起，以及迪士尼收购Infoseek 40%股权带来的人事变动，李彦宏感到自己在Infoseek的美好时光已经不多，到了自己做出选择的时候了。

1998年，根据自己在硅谷工作和生活的切身体验，李彦宏在中国内地出版了《硅谷商战》一书，书中不仅介绍了Infoseek成立两年就红火上市背后的艰辛，也告诫创业者成功之前必须经历的谨慎和勤俭。与此同时，李彦宏把目光转向了国内。

其实早在1995年，李彦宏就萌生过回国创业之意，他还利用回国过年的机会考察了国内市场。但当时中国互联网仍处于萌芽阶段，虽然1995年1月中国电信开始向社会提供互联网接入服务，但主要用于教学科研，NCFC等网络规模都很小，他感到中国还不需要搜索技术，大家还在推广网络的概念。

三年过后的1998年是中国互联网的分水岭，网络走入门户时代：2月，张朝阳的搜狐网站正式推出，并且在3月拿到第二笔210万美元的投资；6月，丁磊在高人的指点下，将网易“变脸”为门户网站；10月20日，原四通利方论坛改为四通在线，宣布推出网络门户站点，并在12月收购台湾华渊，推出新浪……正是在这一年，李彦宏接到清华大学的邀请，邀请他做一次关于技术方面的讲座。搜狐的一些员工前去听课，课后他们鼓励李彦宏说：“你有这么好的技术，为什么不回国自己创业？回来吧！我们搜狐买你的技术！”

说者可能无心，听者却十分在意。1999年10月，中国政府邀请一批海外留学生回国参加“国庆典礼”，李彦宏也在受邀之列。这次行程，坚定了他回国创业的决心：“大家的名片上开始印Email了，街上有人穿印着‘.com’的T恤了。”更令李彦宏心动的则是，“中国出现了一批能够为搜索业务付费的门户网站”。

李彦宏毫不讳言：“我那时相信，辞职回国创业的时机到了。”至此，中国互联网史上，才有了百度这样一个不可磨灭的痕迹。

毋庸置疑，国内巨大的市场潜力是高新科技创业的原始诱惑力，而国家有关部门鼓励创新的大环境，以及一系列鼓励政策，也是鼓舞创业者斗志的法宝。创业者如能抓住这些商机，创业成功就不会是空想。

城市化进程带来的商机

在全球经济再平衡的格局下，着眼于扩大内需，大力推进城镇化建设，是党和政府确定的我国未来发展的新思路。在推进新型城镇化建设的进程中，民营企业角色特殊、地位重要、大有作为。

我国自改革开放以来，给想创业的人们创造了无数的机会，也造就了无数的民营企业传奇。他们中的绝大多数过去曾因日子穷苦、劳力富余、耕地紧张等，纷纷从家庭作坊起步、从社队工厂起身、从乡镇企业起家，进而逐步发展壮大起来。其初衷就是渴望增加收入，能够过上富裕生活，真正享有与城里人一样的体面和尊严。

很多生长在乡下的创业者，因为有着早年穷苦的经历，使得他们在推进中国的城市化进程中有着特殊的情结。他们深深懂得底层民众的难处，他们了解中国城市化的必要性，他们时刻关注着家乡的变化和祖国的建设，他们更希望城乡一体化目标的早日实现，这就是城市化进程中民营企业创业者的情结所在。

城市化的根本意义在于推动和加快农村人口和生产要素向城市集聚，促进产业结构和就业方式转向高附加值产业，加快城市建设，实现城市农村协调可持续发展。助力推进城市化进程的企业有着天然的优势，它们往往具备非常密切的地域联系。比如阳光集团、红豆集团、华西村等民营企业，它们的起点在农村，逐渐发展壮大到产业集团后，它们的根依然在农村。

这些企业还有经营活动方面的优势。比如，很多民营企业的生产车间和库房都在乡下，容易获得低廉的土地和劳动力。它们还有社会关系的优势。很多民营企业的领导同时兼任着一些类似支部书记等致富带头人的职务，这样的职务有助于将企业发展和当地经济建设结合起来。比如波司登、飞达等企业都是通过这样的方式获得成功的。

城市化进程的推进为民营企业发展提供了无限的商机。创业者想要获得巨大的生存空间，可以顺应城市化的趋势，乘着城市化的东风，实现自己的理想和抱负，同时也为青年提供就业机会，为家乡的建设做贡献。

创业者如果想凭借新型城镇化建设来实现自身企业的发展，首先就要根据自身优势找到最合适的切入点。一要做好可行性分析。创业者在参与城市化进程的时候，首先要看清自己，找准自己的定位，确认自己的实力、规模，做到知己知彼，防止盲目决策。二要找好突破口。知道了自身的优势所在，接下来就应该根据自身优势来找到应该从哪个方面、通过哪些项目助力和推进城市化建设。三是确保通过积极的执行让计划成为现实。创业者对每一个步骤、每一个阶段、每一个分工都要狠抓落实，确保计划圆满成功。

城市化进程涉及工业化、信息化、科技化等非常多的内容，创业者必须牢牢抓住问题的关键点。总而言之，可以归结为以下“四动”。

带动农民就业

城市化的主要目的是人的城市化，让农民在城市获得合理的收入和地位，可以在城市留下来、有钱赚。因此，解决农村剩余劳动力就业是最简单、最实际的问题，而且这样做可以为企业带来大量的廉价劳动力。有资料显示，最近几年，全国八成以上的就业机会都是由民营企业提供的。由于政府目前仍然在发力城市化建设，必将带动更多的农民就业。

拉动农民消费

城市化进程将带来激增的居民消费力。根据大数据测算的结果，如果城市化率提高1%，将会有1000万左右的农业人口实现市民化，带来1000多亿元的消费需求。创业者助推城市化建设，其实可以改变居民消费观念，实现居民消费结构升级。

带动企业投资

据相关资料显示，城市化的人均成本在10万元左右，未来10年要解决4亿农民进城，将带来大量的投资。相关政策鼓励社会资本投入城市化建设，社会资本的富余部分可以在基础设施建设、公共服务设施建设等领域寻找更多的投资机会。

推动产业升级

在城市化过程中，人口增加、居民生活水平提高，必将带来产业转型升级，也会带来经济体制的完善、社会分工的细化、对服务业的需求大大增加。我国已经逐渐开始进入老龄化社会，医疗、养老等领域的需求会逐渐增加。因此，如果创业者想要乘着城市化进程的东风，用城市化来促进企业发展，再用企业发展来推进城市化进程，带动产业升级是必不可少的。

在推进城市化建设的过程中，创业者要脚踏实地、步步为营，不要好高骛远，注意在确保自身利益的同时保证城市化建设的步伐，从而实现经济效益和社会效益的协调发展。创业者在创业初期要找准定位，在资金、产业、竞标等方面都要量力而行，超出自身能力的一定要尽快割舍，一味“圈地”可能会造成资源浪费，降低企业的效率。此外还要时刻关注相关政策，随之调整企业规划，努力打造优质品牌，形成自己的特色，凸显自己的优势，实现企业和城市化进程的长期双赢。

基于生命健康所产生的商机

现如今，空气污染、水污染等环境问题严重威胁着人们的生命健康。当我们的生命快要走到尽头的时候，企业的营收、国民生产总值等也就变成了一串串没有意义的数字；权力和财富也就变得虚无缥缈起来。

均瑶集团前董事长王均瑶长年工作忙碌，不顾自己的身体，有人劝他注意健康问题，他却说：“我有钱，我请得起最好的医生，我相信医生！”后来，他患上肠癌，仅38岁就去世了，35亿元的资产加上最好的医生也没能挽回他的生命。

无独有偶，创新工场的董事长李开复在人到中年的时候检测出了淋巴癌，他没有选择去医院进行放化疗，而是选择用食疗的方式进行调养。令人意想不到的是，9个月之后，他居然神奇地康复了。

每个人的生命都掌握在自己手中，只要你坚持信念，或许上帝也会被你感动！

所有人都知道美国经济发达，但是很多人不知道的是，美国人是非常注重养生的，美国人民一般把身体放在第一位，把生活放在第二位，把工作放在第三位。如果你的社交圈子里有美国人，不妨仔细观察一下他们是不是非常重视锻炼身体。没错，他们的养生方式一般是锻炼+保健品补充+规律的作息时间。

反观我们自己，一般把赚钱放在第一位，把身体放在第二位，等到真的有大病的时候才去看医生，而且我们的作息时间非常不规律。导致这种结果的原因是我们的健康意识淡薄。目前，我们国家三甲医院的效益好到连强盗都羡慕。

那么，导致我们的身体出现问题的主要原因是什么呢？一是外部环境问题，二是个人习惯问题。环境问题又主要包括空气污染、水污染和食物污染。个人的生活习惯也是可以调节的。在人们越来越注重健康的今天，这里面蕴藏的商机是无限的。

首先我们看一下空气污染问题。对于外部的空气环境，个人和企业都很难改变，需要从国家层面进行干预。但是，个人小区域的空气环境我们是可以改变的。就拿北京的雾霾天气来说，防霾口罩、空气净化器都是解决问题的办法，这里面就有不少的创业机会。

再来看一下水污染问题。目前我国自来水的净化标准仍然是几十年前的老标准，水里面的铁锈、泥沙、铅、汞等物质，就算把水烧开了也不能完全除掉。而且水里面可能含有抗生素，抗生素的危害虽然非常严重，但是大部分人并没有意识到这一点。面对这样的情况，水质监测仪、净水机、饮用水供应站、瓶装水等都是不错的商机。

最后说一下食物污染问题。现在，我们吃的蔬菜里面有很多农药残留，我们吃的肉禽蛋奶里面有过多的激素，而且目前还有一个存在争议的问题——转基因问题，而普通老百姓也享受不到“特供”的待遇，怎么办？很多企业适时打出了“绿色食品”的概念，许多保健品也顺应了这样的势头。在食品安全领域蕴藏的商机实在是难以估量。

3.2 亿美国人，每年有数千万人因食品污染而感染，那么有着 13 亿多人口的中国呢？这样庞大的人口基数，该是多大级别的市场！

以上仅仅是环境问题的三个比较大的方面，还有很多问题不能一一讲清楚，需要独具慧眼的你去发现商机。除了污染问题，还有个人生活习惯的问题，改善居民生活习惯同样蕴含着商机。在学校里，弯腰驼背、戴眼镜的学生也有很多，如果研发一些器材帮助学生预防近视、预防驼背，我相信每一个家长都是愿意掏腰包购买的。这只是一个比较简单的例子。除此之外，还有食品、药品、健身器材市场也是非常庞大的。

虽然道理很简单，实践起来却是非常不容易的，因为人们认识的改变需要一段时间，需要一个过程。根据《“健康中国 2030”规划纲要》的预测，10 年或 20 年之后，健康产业必将取代医疗产业成为创业的高收入产业。

由产业升级带来的商机

世界不断在变化，市场不断在变化，唯一不变的只有变化本身，旧的商机逐渐出现颓势，新的商机在不断涌现。都说生意难做了，但是仍然有很多人通过新的商机赚得盆满钵满。是我们不够努力，还是只顾埋头前进，没有抓住消费者新的消费趋势？有经济学家预测说，未来的消费主要集中在文化、旅游、教育、健康、养老、信息等领域，具有个性化、时尚化、品质消费的特征。未来5年，文化产业产值将超过3万亿元，信息消费规模将达3.9万亿元，健康产业产值将达8万亿元。

全球零售业巨头沃尔玛有一个不成文的定律：沃尔玛每有一家新店开张，在新店5公里之内的其他零售卖场都会在一段时间内倒闭歇业。但即使是实力如此强大的行业巨无霸，2017年上半年在华累计关店共16家，这在沃尔玛的历史上也是十分罕见的。

传统零售业已经明显出现颓势，这是否意味着传统零售业的时代已经过去了？答案显然是否定的，因为行业里眼光比较敏锐的玩家，正在用新型的行动方式来焕发零售业的生机。2017年上半年，精品超市Bravo YH不断圈地扩张，该超市有大量的高端进口商品和时尚精品。物美和多点一起通过支付模式创新为居民带来了新型的“未来超市”，主打智能化和高效率。电子商务巨头京东也开始布局全国的新型便利店。

零售业是我们谈创业的时候无法回避的问题之一，目前的零售业也正处在升级转型的风口浪尖上，广阔天地，大有可为。早在5年前，曾经野蛮生长的电子商务已经把各个实体零售店打压得喘不过气来，这几年，不少电商也遭遇了自身成长中的瓶颈，不知道应该何去何从。

在2016年的杭州云栖大会开幕式上，马云曾多次提到“新零售”这个词。他在演讲中提到，电子商务可能很快被淘汰，未来可能会是“新零售”的天下。单纯线下的企业可能要有很多线上的业务，线上的企业也要到线下去，这样贯通线上线下，再结合物流，建立一个新型的零售体系，减少企业库存，增加企业营收。

“盒马鲜生”是马云“新零售”板块的一个试水项目。在“盒马鲜生”实体店，消费者可以通过手机APP扫描获得商品信息，然后用支付宝买单。“全自动物流模式”可以让你在半个小时之内就吃到5公里以内的新鲜水果和蔬菜。此外，手机APP可以根据用户订单推测客户的消费模式，然后根据大数据处理结果，给出一定范围内消费者的消费习惯。

这样的新颖模式，以及超快的物流配送体系很快聚拢了大量客户。有数据显示，“盒马鲜生”仅上海金桥一家店2016年全年营业额就有2.5亿元，远远高于同行业的平均水平。

旅游消费向来是各家争抢的超级蛋糕。随着消费升级，近两年游客的出行方式发生了很大变化，同质化线路已经满足不了旅客各种各样的需求，自由行、主题游、定制游等成为趋势。北京古北水镇一宿一景精品客栈的一位合伙人说，相比星级酒店，装饰精美、性价比高、服务人性化的民宿，更能给客人带来接地气、个性化的出行体验，尤其适合度假休闲游，成为越来越多年轻人的首选。

传统商业在转型升级的过程中，逐渐改变着居民的消费方式，新的消费模式也带来了很多新颖的、有趣的商业机会。

例如，过去几年，各种网络直播平台开始发力，超过六成的中国网民在使用网络直播，大大小小的直播平台有数千家。他们看中的正是网络直播行业的潜在价值。各个互联网行业的巨头纷纷直接参与或者间接投资了直播平台、网红公司，直播作为这个时代一种新的营销方式正在改变着人们的生活。

马拉松本是一种长跑赛事，但最近几年的流行程度已经超过了大部分网红。远一点的先不说，仅 2016 年一年的时间，专业马拉松、业余马拉松大大小小的赛事已经不计其数，一线城市、二线城市到三线城市，马拉松备受广大市民的追捧，马拉松似乎已经成为很多人的一种生活方式。当然，有生活方式，必然随之出现消费方式，随着马拉松赛事的蓬勃发展，逐渐形成了马拉松赛事产业链。在这条产业链上，有马拉松运营、马拉松直播、运动装备销售、机票销售、酒店预订等，其庞大的用户群让众多的创业者实现了自己的创业梦想。

近两年，在很多大型的超市、商场、电影院等人流量比较大的地方，许许多多的“小亭子”悄然出现，这就是非常受年轻人欢迎的“迷你KTV”。这样的“小亭子”可以把唱歌、听歌、录歌、线上分享等多种功能集于一身，在传统的KTV业绩不景气的情况下，硬是异军突起，获得了令人羡慕的市场反响。就拿比较普遍的“M-Bar”来说，这个新的团队成立于2016年6月，“M-Bar”成立后仅仅利用半年多的时间，就已经在全国的各大商场装配机器5000多台，覆盖全国29个省份、140个大中小城市，直营比例超过80%。

有专家分析认为，传统KTV营收下滑的原因可能包括租金上涨、人员工资上涨等，但这些都不是最主要的原因。最主要的原因是，KTV模式已经存在了很多年，没有顺应市场的变化而做出改变，这种因循守旧的模式很难适应现在年轻人的消费需求，最终导致消费群体流失。

洪泰基金联合创始人盛希泰认为，目前传统行业的种种迹象都在告诉我们，中国即将迎来消费升级时代，在消费升级的领域会出现很多新型的富豪，而与之相伴的是那些不肯转型升级的传统行业巨头。

凡星资本创始人张勇也认为，中国未来的餐饮业将会诞生一批类似“肯德基”“麦当劳”的中国本土上市公司。因为人们的消费能力根本没有降低或者改变过，以前是什么消费能力，现在还是什么消费能力。转变的只是消费模式。张勇说，餐饮业的新型消费模式其实更看重“95后”“00后”的消费习惯，以及消费趋势，餐饮业的创业者要从这里面找到新的商机。

红秀资本创始人戴露从一个女性的视角对市场变化做了分析，她认为，市场转变其实更多的应该关注“85后”“90后”甚至到“00后”的行为和习惯，在这些消费群体的眼中，“价格”可能不是她们关注的主要因素，而是更加倾向于对品质和服务的追求。所以，在女性轻奢方面，以及一些与“美学”相关的商品或者APP等领域，会有非常好的市场前景。毕竟爱美是每个时代女人的天性，不过现在的女性更加追求良好的品质。

很多天使投资人有着类似的观点：新的商机对创业者的基本素质要求非常高，他们不仅要懂得互联网思维，要懂得行业前景，还要有人脉、领导力，以及聚拢资本的能力，甚至可能还需要研发能力。任何时代都不会缺乏创业的机会，但是每一个时代能准确把握住机会的人少之又少，这归根结底是人的差异。

洪泰基金合伙人吴玲伟表示，消费升级主要包括四个方面：产品升级、体验升级、文化升级、渠道升级。在产品升级方面，需要在产品设计上多下功夫，做出更具美感，更符合消费者预期的商品，还不能光顾花哨而不顾及实用，同时兼顾新潮，因为“90后”“95后”“00后”是非常有个性、非常多样化的一群消费者。在体验升级方面，尽可能以最快的速度、最合理的价格把产品送到消费者手中，还要让消费者有充分的参与感。在文化升级方面，创业者设计的产品要有文化内涵和精神追求，让用户成为粉丝，并主动参与到企业文化的构建和传播当中。在这一点上，“小米”就是一个不错的例子。在渠道升级方面，要贯通线上线下的联系，让线上的订单同步到线下，线下的商品及时到线上来，实现线上线下同步。

“未来的线上线下必然融合，单纯依靠互联网卖不出品牌。”红秀资本创始人戴露在分析线上线下融合的时候这样认为。做品牌、做影响力一定要落到线下，产品只是基础，但更重要的附加值在品牌上，互联网只是渠道而不是目的，所以一定要实现线上线下融合。

经典案例：

趣店，颠覆消费模式

2017 年 10 月 18 日晚间，抚州宜黄“80 后”小伙罗敏创办的公司——趣店正式登陆纽交所，并以每股 24 美元发售了 3750 万股美国存托股票。CEO敲钟后，趣店开盘股价为 34.35 美元，较发行价上涨 43.13%，以此计算，其市值约为 113 亿美元。一夜之间，这个“80 后”晋升为新锐富豪行列，身家过百亿！趣店从公司成立到IPO，只用了 3 年时间！ CEO 罗敏创造了一个奇迹，这是资本家的狂欢。

罗敏，抚州宜黄人，1983 年出生，毕业于江西师范大学，学的是物理学专业。2005 年开始独立创业；2007 年进行二次创业；2010 年加盟好乐买创始团队，三次创业；2014 年 3 月创办“趣分期”，是趣店集团的前身。

趣店集团是面向 5 亿非信用卡人群的金融科技公司。趣店集团依托统一且独特的风控和大数据体系，同时与国内多家第三方大数据平台合作，能够多维度、全方位识别用户信息。

趣店上市后，罗敏发了一封内部信，讲述自己来北京 12 年的人生历程，称“我们赶上了一个寒门出贵子的好时代”。

以下是罗敏内部信的全文。

小伙伴们：

12年前，一个江西的小镇青年怀揣2000元只身来到北京这个孕育梦想的地方，开始创业旅程。

12年间，青年换了16处住所，从最开始北大南门的床位到东直门地下室再到回龙观的合租房……辗转于这个城市，每天清晨怀揣梦想出发，搭乘344快公交车转地铁二号线积水潭站……

12年间，我们创业了几十个项目，绝大部分已经老去，直到三年半前开始趣店。

12年间，我们拥有了一个信任、团结的团队，团队中有很多人与我相识相知超过10年，我们来自于中国的天南海北，为了梦想聚集在一起。

12年后的今天，我们的梦想得以阶段性实现，一切都是因为有你们，谢谢你们！

同学们，人的一生总是要有梦想的，我们赶上了一个寒门出贵子的好时代，前提在于你自己是否努力，是否坚持！我想我就是一个例子。

在今年我资助了家乡江西抚州的几百位贫困小孩上学，他们中很多是孤儿或身患重症，见过一些小朋友后才感觉到生活不应只有创业，能力稍大之后，我们还需要去关注一些其他事情，去做一些有意义的事情。

今天我将个人捐出520万股趣店ADS股票，按今天收盘市值约10亿元人民币，成立慈善基金，方向为帮助中国贫困青少年助学，帮助中国一些大学进行专项课题研究，以及帮助中国青少年的足球发展等。此生我将捐出我个人的绝大部分股票用于慈善，用于帮助一些人。

今天，我们已经服务超过5000万用户，通过我们的努力，让科技服务于金融，为普惠金融做一点点小事。

今天的IPO对于我们只是一个小的成人礼，只是趣店团队阶段性梦想实现的日子。

今年我34岁，我们团队平均年龄更是只有26岁，我想就算50岁退休，我还能像过去12年一样再努力奋斗16年。同学们，让我们一起去实现更多的梦想，去拥有更大的力量做些力所能及的事情。

趣店同学们，人生苦短，希望我们老去的时候可以微笑地对自己的孩子们说：今生我们为这个社会做了一点点小事情，为这个社会带来了一点点小的美好的变化！

罗敏

作为百亿美元公司 CEO ，最重要的是要具备深度思考能力和融资能力，罗敏就是这样，融资能力为罗敏这次创业成功起到了重要作用。同时，他把握趋势的能力也很强，很容易抓住创业热点，几乎就是想到什么好点子就马上去做，而且出手坚决果断。善变是创业者的优秀品质，一个东西不行就马上停，试下一个东西。行动力要强，手更要快。

经典案例:

机蜜，数码共享界的宠儿

2017年，共享经济成为最热门的创业风口，其重要标签就是“信用”。10月19日，3C数码租赁平台机蜜获得奇虎中财跟投的1.05亿元B轮融资。通过此番融资，数码产品共享租赁渐成资本界的新宠儿。万租的创始人陈飞作为数码共享租赁领域的先行者，也开始有所行动，不断约见各路投资人。百忙之中，他聊起了创业两年以来不得不说的故事。

陈飞一直爱好数码产品，两年前，他担任某共享领域知名互联网公司运营负责人时，家中角落就放置着IWACH、Moto 360手表等各种数码闲置品。每当有新的智能产品出来，许多没买多久的“旧宠”就被打入冷宫。陈飞表示，记得是在一个朋友聚会上，一个和陈飞有同样爱好的朋友向他展示了刚出来的谷歌眼镜，陈飞把玩不久后便想厚着脸皮让朋友能“租给”自己玩几天。由于这个突如其来的想法，关于“共享租赁”智能设备的想法已经在陈飞心中有了雏形。

这个雏形慢慢在陈飞心中破壳而出。利用休闲时间，他通过多次调研数码产品租赁市场发现，这个行业存在很多问题。由于市场的分散、信息杂乱无章，其市场的目标用户很难从庞大的信息中找到自己需要的信息。甚至因为信息无法及时更新，客户就算找到了合适的商家，也会因为押金过高或者缺货等原因导致体验感很不好。陈飞觉得这就是机会，现在可能无法开始马上创业，但是可以先去相关智能设备租赁公司工作，从而更加深入地了解这个行业。当时已经拥有晨兴资本的120万美元天使轮融资的智能设备免费共享的APP——享借，成为陈飞第一个目标。他想方设法，通过多方途径终于联系到了享借的创始人李厚辰，并给对方提交了享借APP的体验报告，李厚辰才同意与他见面聊。由于陈飞提出的B2C自营收费模式与李厚辰坚持的C2C免费模式相违背，两人未能促成合作。

第一次的失败并没有阻挡陈飞，之后他从北京飞到杭州，与某手机租赁平台创始人也是苹果手机渠道商进行了面谈。通过此次沟通，陈飞了解到，对方想转行做互联网苹果手机租赁，与自己认同的智能设备共享租赁模式完全不同。计划失败，失望而归的陈飞接受一家猎头公司的邀约，继续从事汽车租赁行业。

花50万读清华MBA，不如来一场说干就干的实践

朋友邀请陈飞一起到清华MBA深造，陈飞哪里有心思读书，一心想着智能设备共享。经过多番思考，陈飞下定决心告诉自己："花五六十万读MBA不如来一场说干就干的实践。如果没人做得好，那不如自己来做吧！"于是，心中的想法不再只是雏形了，陈飞投入自己目前的所有存款，并且给自己制订了一个两年200万元的计划。

创业并不是一件简单的事情。初创之时，由于资金有限，陈飞便租下广州大学城的地下室来办公。因为办公环境差，陈飞一直没有招

到愿意来上班的员工。于是他跟合伙人身兼UI、采购、财务、客服、地推等各种工作。经过坚持与努力，他们后来终于能在广州大学城英诺创新空间租到一间像样的办公场所。

在团队搭建后，陈飞一直在追求数据和融资，同时还发放优惠券去教育用户、培育市场，却忽略了公司的盈利，危机开始逐渐显现。为了追求极致的用户体验，陈飞为用户提供极速上门送还服务，导致公司整体严重亏损。“订单多的时候既开心又难过，开心的是有更多的用户愿意使用我们的服务，难过的是更多的订单意味着更多的亏损。”回忆起刚开始创立万租时遇到的危机，陈飞也很无奈。

初遇危机，解散团队力挽狂澜

2016年万租第一期自筹的100万元资金已经所剩无几。而当时恰逢整个资本市场像北方的冬夜，寒冷且了无生机，想要融资更是无望。这时英诺创新空间运营总监陈雷告诉陈飞，唯一的出路就是必须要“开源节流，活下去才有希望”。由于目前公司所遇到的问题，为了一直跟随着自己的小伙伴，陈飞考虑再三，决定向所有员工坦承，建议所有员工可以一边在公司工作一边尝试找新的工作，并把剩余的资金用来作为员工的工资按月发放。

看着之前一起奋斗的小伙伴一个个离开，陈飞很难过，甚至颓废了一段时间。痛定思痛，陈飞决定——想要企业活下去必须先实现盈利。说干就干，陈飞立即停止了平台所有的付费推广，同时在淘宝开设企业网店(此时的淘宝能大大降低用户的信任担忧)。几乎所有的事情他都亲力亲为，并且从原来为用户提供免费上门配送业务，转变为自提或付费邮寄，他发现，通过给用户减免一定租金，用户反而会更加满意。有了一系列的动作之后，陈飞知道平台设备也必须要跟上节奏，通过多方渠道筹集资金，陈飞终于募集到30万元资金用来采购设备。3个月后，整个市场渐渐有了起色，陈飞的万租在经过商业模式不断打磨，以及服务体系不断完善后，终于实现了盈利。

经历半年多的披星戴月，陈飞有幸通过朋友结识了联合创始人梅杰。两人前后经过两个多月的沟通后，梅杰决定放弃自己原本高薪而稳定的工作，接受陈飞开出的没有节假日、没有薪资等苛刻条件，加入万租，与陈飞的团队一起为万租的市场工作开疆拓土。

转眼万租已经发展了两年，作为智能设备共享租赁先行者，目前的万租已经能为用户提供各种单反相机、潜水相机、无人机、VR、全景相机、便携式投影仪等各种智能设备的共享租赁服务，这一套SOP服务标准，使万租的用户满意好评度高达99%。万租在广州、深圳、长沙等城市都开设了分公司。如今，在陈飞的带领与团队的共同努力下，万租已正式开启资本化道路。

接下来为了拓展市场空间，万租在二、三线城市招募了城市合伙人和B端商家，并尝试在北京、上海、成都等地设立分公司自提点、新增品类，目的是要让用户在享受到专业、便捷、低价的智能设备共享租赁服务的同时，力争成为智能设备租赁领域的“神州租车”。

在互联网全品类租赁平台和C2C亿万闲置市场的撬动下，未来万租的发展空间可谓非常广阔。

第三章 踏上创业节拍

第四章 晋级终极导师

创业分享：企业家为事业而生，天生就是干大事的，他们从骨子里不甘平庸，在他们眼里只有两个字——成功！

——严兆海

用积极心态发现创业商机

牛仔裤是美国人李维斯发明的。一开始的时候，他跟着许多人去西部淘金，他们在路上遇到一条大河，很多人焦躁不安，但是让大家想不到的是，李维斯看到那条河却拍着手说："好极了！"他用身上不多的钱去租了一条小船渡人过河，结果赚的钱翻了好几倍。

这个故事说明，创业者应该有发现商机的慧眼。然而好景不长，李维斯的摆渡生意很快被人抢走了，可李维斯并没有消极懈怠，依然感叹说："棒极了！"后来他发现，在离小河不远的地方有一座矿山，很多劳工因为采矿出汗很多，劳工们的饮用水非常紧张，于是在劳工采矿的时候，李维斯就去附近卖水，赚了更多的钱。接下来，李维斯卖水的生意又被抢走了，李维斯仍然说："棒极了。"矿工在采矿的时候，需要跪在地上，裤子经常被磨破，于是李维斯利用矿区里面被人丢掉的帆布帐篷，洗洗、裁裁、缝缝、补补，做成了非常耐用的裤子拿出去销售，结果销量非常好，这就是我们现在穿的"牛仔裤"的由来。

李维斯有着常人难以拥有的良好心态，总是将问题看作机会，最终实现了自己的创业梦想，这与他乐观、开朗的性格是密不可分的，如果他在遇到前面拦路的小河时就悲观、哀伤，止步不前，可能一辈子也发明不出牛仔裤。

成功学大师拿破仑·希尔说："一切的成就，一切的财富，都始于一个意念。"如果一个创业者没有发现更好的机会，就抱怨这抱怨那，整天怨天尤人，是不可能取得成功的，即便有一天有了一点小成就，也会因为这种不健康的心态而最终招致失败。

发现创业机会的五大来源

其实，不管身处什么时代，创业机会都是无处不在、无时不在的。创业的机会主要来自五个方面。

第一，满足顾客需求。创业者的创业机会来自对客户需求的满足。在客户的需求没有被满足之前，那是客户需要解决的问题，创业者的目标就是要为客户解决这些问题，进而获得合理收入。创业者如果找不到合适的创业机会，可以通过发现客户的需求或者潜在的需求，通过解决这些需求，来找到能与自身创业相结合的点。举个例子来说，以前在上海某高校读书的一个大学生发现在郊区的本校师生往返市区交通十分不便，于是创办了一家客运公司，就是把问题转化为创业机会的成功案例。

第二，变化的市场环境。市场环境无时无刻不在发生着变化，随着市场环境的变化，市场需求、市场结构也跟着发生改变。管理学大师彼得·德鲁克也把创业者称为"寻找变化，并积极反应，把它当作机会充分利用起来的人"。市场环境的变化一般主要来自产业结构的调整、消费者消费习惯的升级、城市化进程的加速、居民思想结构的转变，以及政府经济政策的干预等很多方面。

第三，发明创造。发明创造为市场提供了新产品、新服务和新的商业模式，新的发明能够解决以往不能满足的客户需求，也带给许多的创业者新的创业机会。比如说，在电脑刚刚发明的时候，可能当时人们没有想到这是一项可以改变人类社会的发明，在许多年后的今天，电脑维修、软件开发、电脑操作的培训、图文制作、信息服务、电子商务等创业机会也随着电脑的发明而来。即使你没有发明电脑的那种能力，也可以成为销售或者推广新产品的销售人员，这也是一种新的商机。

第四，竞争。竞争适用于已经被人发现的创业机会，但利用这样的机会进行创业的人可能存在一些缺陷或者不足，新的创业者因此可以捕捉这样的机会，针对对方的弱点，成就自己，实现自己的创业梦想。看看现在市场上的一些公司，扪心自问，我们可以为客户提供更快、更可靠、更实惠的产品或者服务吗？我们可以做得比他们更好吗？如果能，我们也许就找到了属于自己的创业机会。

第五，新知识的产生。就拿现在的雾霾天气来说，因为雾霾严重，许多的电视、网络媒体会向市民普及防止空气污染的知识，这种新知识的普及，造就了例如空气净化器、防霾口罩等新型产业链条，在这条产业链上有大量的创业机会在等待着创业者。空气污染问题只是创业机会中一个很小的方面，还有更多的机会等待着我们去发现。

把握创业机会的四大特征

有的创业者倚仗着自己独特的想法或点子，对自己创业的信心爆棚。但是我想告诫这样的创业者的是，想法新颖、点子独特固然非常重要，但如果盲目自信就会接近自负，而且，并不是每一个新颖的点子都可以转化成创业的机会。有非常多的创业者就是因为仅仅凭想法创业而最终导致了失败。

那么，作为一个创业者，我们应该怎样评判一个新的商机是不是适合去创业呢？《21 世纪创业》的作者杰夫里·A. 第莫斯教授在书中阐述了一个观点，认为适合去创业的商机主要有四个特点：①可以吸引到目标客户群；②有适合企业生存的外部商业环境；③发现的机会在实施的过程中不会过期。④创业者必须有足够的资源和技能。

培养发现创业机会的能力

发现创业机会是一件非常困难的事，想创业的人应该在生活中多多观察，加强实践，努力培养自己这方面的能力。

要想发现创业机会，首先要了解市场，要了解市场就应该做好市场调研。一个详细、深入的市场调研可以让创业者充分了解到市场的供求状况、未来市场的变化趋势、顾客的需求方向、竞争对手的优势与不足，等等。

除此之外，创业者还应该扩大知识面，做到多看、多听、多想，见多则识广，识多则路广。马云、俞敏洪等人因为有英语优势，能比别人接触到更多的外部信息，这方面的能力会助推他们创业成功。每个人的时间有限，知识、经验也是有限的，凭借有限的知识、经验，不可能面面俱到地了解市场状况，因此，多看、多听可以让我们更多地获取市场信息，并从中获得对自己有用的信息，从而增加创业成功的可能性。

最后，还要有足够独特的思维，要学会独立思考。真理往往掌握在少数人手中，同样，创业的机会也只能被少数人抓到。对于大多数人都能意识到的创业机会，可能早就已经不是机会了，这就要求创业者具备独立思考的能力，不迷信、不盲从，努力克服从众心理，打破传统、僵化的思维习惯，敢于相信自己，敢于保持独立的见解，绝不人云亦云，这样才能抓住被别人忽视的机会。

把互联网时代的商机与现实结合

近年来，国家提出了“两创——创新创业”和“大数据的国家战略方向”，这里面蕴含着众多的商机。我们应该都知道，大数据的源头是感知，然后再经过各种类型的设备，比如WiFi、交换机、有线、无线等向云计算服务器传递这些设备所感知到的信息，以供分析。

信息时代，信息是最值钱的。在封建社会，人们争夺的，甚至国家与国家之间通过战争方式争夺的无非就是土地、黄金、珍宝。但是随着石油作为一种资源，人们开始通过战争的方式来掠夺这样的资源，前些年的阿富汗战争就是这类战争的最好例证。现在是信息时代，信息本身没有价值，但是信息带来的价值又是不可估量的。未来世界，最有价值的就是数据资源，以及数据的分析结果；未来世界，每个企业都不可能离开数据而存在。如果你能够准确把握这些数据，就相当于握着这个行业的命脉。

国家为什么如此重视“创新创业”和“大数据”呢？因为不仅我们国家的企业在转型升级，而且我们国家的社会同样在转型升级，我们的社会正在从资源型社会向消费型社会转变。工业引发的雾霾使得天没那么蓝了，煤矿、石油资源也没以前那样丰厚了，出口总额逐年下降，我们的经济大船正处在转型的风口浪尖。

消费型社会最主要的就是居民消费。首先我们应该清楚，消费行为是怎样产生的，所有的价值都是人创造产生的。而所有创造性的劳动，不论是创业、创作、创造都是跟消费紧密结合的。创业就是一种具有创造性的劳动，通过创业这种创造性的劳动，我们不仅仅可以产生新的动力，而且可以为更多的人提供就业岗位，发现更多的创造可能性。

国家提出“双创”的概念之后，一定会有更多的人投入到创业的大潮中去，这些创业者到底能够产生多少上市公司，会带领多少人发家致富，实现自己的人生理想，实在是难以想象。况且，今天的创业形式跟以前有着本质区别，现在的创业更强调“平台化”概念，并不是任何事情都要亲力亲为，更多的创业者喜欢构建一个大的创业平台，让更多的人加入进来，帮助企业实现价值的同时也实现自身的价值。而平台吸纳你加入，是因为你本身存在着价值。只有把自身的价值跟创业平台结合起来，才可以在未来创造出更多的价值。

那么，什么样的平台是值得我们去研究、学习、探讨的呢?

首先应该考虑的就是，市场潜力够不够大，这个企业平台到底可以覆盖多大的市场。

还有就是，企业平台在做的事情是不是能够解决人们生活中的痛点。这个是非常关键的，如果平台可以解决人们的痛点，那么平台的拓展空间一定十分巨大。

一个平台的市场空间的可拓展程度，直接决定了企业可以存活多久；一个平台可以解决人们的痛点有多深，也就意味着这个项目的价值有多大。

在目前大众创业、万众创新的大环境下，创业者多不胜数，创业项目也不能尽数，很多项目具有相似性，而且让人有碎片化的感觉。举个例子，许多洗车行业都开始进军O2O，但在近几年，很多O2O洗车公司都濒临倒闭。多年前，大量的人前往美国西部淘金，其中的很多人不但没有成功，反而死在了美国西部，即使没有死，破产的也不在少数，但唯一经久不衰的就是卖牛仔裤的李维斯。因为不管是赚钱还是赔钱的人，都需要买结实的牛仔裤来适应美国西部的恶劣环境。在这个例子里面，美国西部环境恶劣，人们穿的裤子容易磨损，需要牛仔裤就是用户的痛点所在。李维斯利用了人们的需求，解决了用户的痛点，也让自己实现了创富的梦想。

如果你能独具慧眼，发现可以解决用户痛点的创业项目，让用户产生依赖，解决用户需求，这样的项目必然会傲视群雄，给你带来令人羡慕的收入。

创建自己的大脑银行

你是否经常会有这样的感觉：大脑一片空白，思考速度很慢，思绪杂乱无章。利用大脑银行思维导图可以帮助我们从最基本的形象思考训练起，快速提升我们的思考速度、广度和深度。

大脑银行思维导图是一种革命性的学习工具，它的核心思想就是把形象思维与抽象思维很好地结合起来，让你的左右脑同时运作，将你的思维痕迹在纸上用图画和线条形成发散性的结构，极大地提高你的智力技能和智慧水准。

大脑银行思维导图就是借助文字将你的想法“画”出来，因为这样才更容易记忆。绘制过程中，我们要使用到颜色。因为大脑银行思维导图在确定中央图像之后，有从中心发散出来的自然结构，它们都是使用线条、符号、词汇和图像，遵循一套简单、自然、易被大脑接受的规则。颜色可以将一长串枯燥无味的信息变成丰富多彩的、便于记忆的、有高度组织性的图画，接近于大脑平时处理事务的方式。

你的大脑是通过联想来思维的。如果你把分支连接起来，你会更容易理解和记住许多东西。把主要分支连接起来，同时也创建了你思维的基本结构，这和自然界中大树的形状极为相似，树枝从主干生出，向四面八方发散。假如大树的主干和主要分支，或主要分支和更小的分支，以及分支末梢之间有断裂，那么它就会出现问题。如果你的思维导图没有连接一切（特别是你的记忆和学习过程），最终都会崩溃。连接起来！

大脑会对直线感到厌烦。曲线和分支，就像大树的枝杈一样更能吸引你的眼球。单个词汇使思维导图更具有力量和灵活性。每一个词汇和图形都像一个母体，繁殖出与它自己相关的、互相联系的一系列“子代”。当你使用单个关键词时，每一个词都更加自由，因此也更有助于新想法的产生。而短语和句子却容易扼杀这种火花。标明关键词的思维导图就像有灵活关节的手，而写满短语或句子的思维导图，就像手被固定在僵硬的木板上一样。

把机遇握在自己手中

人生的改变离不开机遇，机遇可以让一个身无分文的人获得无穷财富，也可以让一个穷困潦倒的人成就不世功勋。上天给每个人的机会都是平等的，人与人之间的差异主要在于能不能抓住这些机遇。有些人机遇就在身边却丝毫不知，有些人却可以从没有机遇的地方创造机遇。曾经有一个流传很广的笑话：

有三个人要被关进监狱三年，监狱长答应满足他们每个人一个要求。

美国人爱抽雪茄，就要了三箱雪茄。

法国人生性浪漫，要了一个美丽的女子相伴。

犹太人则要了一部与外界沟通的电话。

三年过后，第一个冲出来的是美国人，嘴里、鼻孔里塞满了雪茄，大喊“给我火，给我火”。原来他忘了要火柴。

接着出来的是法国人，只见他手里抱着一个小孩，美丽的女子手里牵着一个小孩，肚子里还怀着第三个。

最后一个出来的是犹太人，他紧紧握住监狱长的手说：“这三年来，我每天与外界联系，我的生意不但没有停顿，营业额反而增加了两倍，为了感谢你，我送你一辆劳斯莱斯。”

这虽然只是一个笑话，却足以说明，上天给每个人的机会都是相等的，只是因为很多人像故事里面的美国人和法国人一样，在机会面前没有好好珍惜，而是选择了享乐，所以最后他们才会变得一无所有。故事里面的犹太人知道机会的重要性，他牢牢地抓住了机会，最终获得了财富。

上天给了我们机遇，如果没有抓住，就是我们的失误；如果抓住了，把握得当，也能因此成功。那时，你或许就是全世界最幸运的人，只是自己当时还不知道。

曾经有一个农夫，耕种着几亩田地，但是自己的土地实在是太贫瘠了，庄稼的长势总是不好，后来他听说有人在国外发了大财，就把土地变卖出国淘金去了。几十年后，当他回来的时候，发现他当年卖出去的那块农田已经被开发成了全世界最大的钻石矿——金伯利钻石矿。这个时候农夫才明白，难怪农田那么贫瘠，原来薄薄的土层下面全是闪光的钻石！这个时候，农夫想要后悔，已经晚了。机会可能就像这样无时无刻不在你身边，只是你没有好好把握住，等到失去的时候才后悔莫及。

机会属于有准备的人。遇到真正有准备的人，机会才会真正成为机会，被众人所知。

创业者能否成功，主要看创业者是不是具有敏锐的眼光，是不是能及时抓住机遇。

做勇敢的先行者

鲁迅先生有句话讲得好："第一个吃螃蟹的人是很令人佩服的，不是勇士，谁敢去吃它呢。"

创业者在企业发展的过程中，尤其需要那种不畏艰难、敢于"第一个吃螃蟹"的精神。勇于做时代的先行者，才能不被时代淘汰，才能做引领潮流的人，而不只做跟随潮流的人。人只有开拓创新、锐意进取，才能收获更多。

做时代的先行者是需要勇气的。

福特汽车是现在家喻户晓的汽车品牌。最初，最好的汽车只有四缸，福特汽车的领导者为了提高燃料利用率，提议生产八缸汽车，但是遭到了董事会的反对。当时的领导者不顾众人的反对，坚持起用年轻科学家，最后成功改造原有的产品，在当时的汽车市场上独树一帜，使福特成为汽车界的领导品牌。

做时代的先行者是需要智慧的。

在古代，文字主要刻在竹简上，价格昂贵，体积沉重，东汉的蔡伦就把树皮、麻头、破布、旧渔网经过一步步加工，发明了纸张，为中华文化的传承奠定了基础。此外，瓦特发明蒸汽机、牛顿发现万有引力、史蒂芬孙发明火车，这些敢于做时代先行者的人们，用他们的智慧开创了一个又一个新的时代。

做时代的先行者是需要积累的。

少年时代的司马迁曾经多次游历祖国的大江南北，这为他以后写作《史记》积累了丰富的资料素材，最后他才发愤写下《史记》，《史记》被后世誉为“史家之绝唱，无韵之离骚”。达·芬奇在年少的时候，曾经每天持续不停地画鸡蛋，在这个过程中，他积累的绘画细节功底是别的画家比不了的。

知识需要积累，能力需要积累。厚积薄发，才能开创属于自己的时代。

经典案例：

洛克菲勒的细节化管理

年轻的洛克菲勒刚进入石油公司工作时，由于学历不高，又没有什么技术，因此被分派巡视并确认石油罐有没有自动焊接好。这是石油公司最简单的工作岗位，连一个小孩子都能胜任。

每天，洛克菲勒眼盯着焊接剂自动滴下，沿着石油罐盖转一圈，看自动输送带再把石油罐移走。工作简单又枯燥，没干几天，洛克菲勒就有些厌倦了。但由于找不到更好的工作，洛克菲勒决定安下心来，把眼前的工作做好。

于是，他更加认真地观察、检查石油罐的焊接质量。当时，公司正在推行节约计划，洛克菲勒想，我这项工作是不是也可以节约某些程序呢?

他发现每焊好一个石油罐，焊接剂要落三十九滴；而经过周密计算，只要三十七滴就可以焊好了。但是，这个方法却不实用。

洛克菲勒没有灰心，而是更加深入地进行研究。经过多次测试，他终于研制出“三十八滴型”焊接机。也就是说，使用这种焊接机，每次可以节约一滴焊接剂。尽管节约的只是一滴焊接剂，可一年下来，“三十八滴型”焊接机为公司节省了500万美元的开支。

那三十九滴焊接剂滴在公司每个人的眼里，却只滴在洛克菲勒一个人的心里。就是这么一滴不值一提的焊接剂，改变了洛克菲勒的一生。

事实上，这个世界从来就不缺少机遇，真正缺少的，是发现机遇的敏锐眼睛和把握机遇的睿智心灵。

经典案例：

勇敢的电器业老板

1992年，第25届奥运会在西班牙巴塞罗那举行。该市一家电器商店老板在赛前向巴塞罗那市民宣称："如果西班牙运动员在本届奥运会上得到的金牌总数超过10枚，那么顾客自6月3日至7月24日，凡在本商店购买的电器，就都可以得到全额退款。"

这个消息轰动了巴塞罗那。人们争先恐后地到那里购买电器，商店的电器销售量激增。尤其，才到7月4日，西班牙运动员就获得了10金1银。于是，人们比以前更加卖力地抢购电器。

据估计，电器商店的退款将达到100万美元，看来老板是非破产不可了！可老板却从容不迫地说："从9月份开始兑现退款。"

"这是为什么？他能退得起吗？"人们的心里难免有疑问。

原来老板早做了安排。在发布广告之前，他先去保险公司投了专项保险。保险公司认为不可能超过10枚金牌，就接受了这个保险。

这是一个旱涝保收、只赚不赔的保险。如果西班牙运动员得到的金牌总数不超过10枚，那么电器商店显然发了一笔大财，保险公司也无须赔偿。反之，金牌总数超过了10枚，那么电器商店要退的货款将全部由保险公司赔偿，与电器商店毫无关系，那么电器商店无疑发了更大的一笔财。

最能干的人就是善于洞察机会、运用机会、征服机会、驾驭机会为自己服务的人。

第四章

晋级终极导师

第五章

定位经营策略

创业分享：厚德载物，自强不息！卓越的企业家终将进阶为商业领袖，领袖的志趣不在于赚钱，而在于传承知识，传承智慧，传承文化，传承价值，传承文明，传承精神与信仰，传承大爱与梦想！

——严兆海

掌握重塑心灵的钥匙

很多心理学著作里面都提到了一个词，叫作“灵性”，中国的传统著作里面也渗透着“万物有灵”这一思想。其实“灵性”这个词翻译成现代心理学词汇应该叫“潜意识”。潜意识是一个非常神秘的东西，它蕴含了巨大的能量，能发挥出令人难以置信的威力，但是，如果不去注意，很难体会它是如何运行的。

有人说，人在接触到某类信息的时候，其实，潜意识也就是心灵。有人说：“每当你看到或听到一件事的时候，你意识到你所看到的或者所听到的远远比你潜意识里接收到的少。”不理解“心灵”这个概念的人，可能很难理解这句话的具体含义，如果没有特殊的经历，可能理解不了什么是潜意识、什么是心灵的钥匙。但是，几乎每个人都会经历一段灰暗时期，在这段灰暗时期里，你的生活状态、感情状态都会发生改变，在这个过程中，你可能会体会到“心灵钥匙”也就是潜意识的作用。对“心灵钥匙”的感受会带来各个层面认知的改变，这样的收获是金钱难以衡量的。

很多中学校园里贴着这样一句话：“意志的力量是决定成败的力量。”一个人把事情做坏了不是真正的失败，当一个人意志消沉的时候，才是真正被打败。吴王夫差年轻的时候也是一代英主，因为他的父亲在吴越交战中战败身死，之后夫差励精图治，他让一个人在自己的车马仪仗前拿着鞭子一边狠狠地甩，一边高声喊："夫差，难道你忘了杀父之仇了吗？"这个时候，夫差并没有失败。但是，等到会稽之战后，吴国大胜，夫差俘获了越王勾践，让勾践给自己牵马，做马前卒，又纳了越国的美女西施，营造馆娃宫，大兴土木沉溺酒色，搞得怨声载道，这个时候才是吴越两国成败的真正分水岭。吴王夫差最后想当勾践的马前卒而不得，最终身死国灭。可见，一个人心灵的力量是有多么强大。

对于教育工作者来说，听你讲座的人、提出问题的人如果有某种心结，那么背后肯定有故事，这个时候，单纯稳定他的情绪是远远不够的，应该从他的内心着手，从根本上解决问题，这才是教育之道。要知道，在古人的眼里，"师"这个词，心灵老师的意义是大于知识层面的意义的。

当一切由心而发，就很少有做不成的事。曾经听说过这样一个故事，对我的触动很深。有师徒两位僧人，不远万里去灵山朝圣。他们一边乞食一边赶路，风餐露宿，日夜兼程。因为他们在行前曾经发下誓愿，要在佛诞日那天赶到灵山圣地。

一路走来，年轻的弟子在穿越一片茫茫沙漠时病倒了。现在，他们离灵山的路还很长，但佛诞日已经很近。为了当初的誓愿，师父开始搀着徒弟走，后来又背着徒弟走。这样一来，行进的速度就慢了许多，三天只能走完原来一天的路程。到了第五天，徒弟已经气息奄奄，快不行了，他一边流泪一边央求师父："师父啊，弟子罪孽深重，无法完成向佛陀发下的誓愿了，并且还连累了您，请您独自走吧，不要再管弟子，日程要紧……"师父怜爱地看着弟子，又将他背到背上，一边艰难地向前行走一边说："徒儿啊，朝圣是我们的誓愿，灵山是我们的目标。我们既然已经上路，已经在走，灵山就在心中，佛陀就在眼前了。佛陀绝不会责怪虔诚的人，让我们能走多远就走多远吧……"

故事里面的师父知道，比身体的朝圣更重要的是内心的虔诚，是意志的力量。

很多科学研究也显示，人类除了"大脑"之外还存在一个"处理器"，被科学家称为"腹脑"，也就是我们经常说的"心灵"。这里的"心灵"不是心脏的意思，心脏只是提供血液循环动力的器官，"心灵"是有着打开你与世界之间联系的能力的。善于利用这把钥匙，给你带来的财富将是取之不尽的。

打造中层干部的能力

一个企业想要发展，想要做大做强，光靠领导者的心灵强大还远远不够，领导的思想需要贯彻到企业的每一个环节中去，这就涉及中层干部的能力。中层干部是一个企业承上启下的重要环节，是企业完成生产经营活动的中流砥柱。一支优秀的中层干部队伍是每一个企业发展建设的必要内容，也是企业运转效率和经营状况的最好保障。中层干部团队关系到企业的科学、协调、有序发展。一个优秀的中层干部，不仅要具备良好的心态，而且要把握好团结、清廉这两条底线，保持高度的责任感和使命感，还要有忧患意识、有大局观念。在企业里面，中层干部是上级的学生，是下级的良师，是同事的朋友，是企业发展的中坚力量。对中层干部来说，五种能力最重要，即学习能力、沟通能力、决策能力、驾驭能力和表达能力。

要打造学习的能力

古人有句话说得好："学如逆水行舟，不进则退。"学习能力是企业的中层干部加强自身修养、提高自身素质的重要途径。领导干部如果不加强读书学习，知识就会老化，思想就会僵化，能力就会退化。爱学习、勤读书，通过读书学习来增长知识、增加智慧、增强本领，这是领导干部胜任领导工作的内在要求和必经之路。

因此，创业者应该鼓励中层领导干部在工作之余多读读书，逐渐养成读书的习惯，把读书学习当成态度、责任和精神追求，带着使命感去学习，使思想永远走在时代的前列。并且，要学会学以致用，将学到的知识运用到管理、企业生产工作当中去。在这里，我尤其要倡导中层干部认真学一学哲学，因为哲学是明白学、智慧学，学懂了哲学脑子就灵、眼睛就亮、办法就多。不管什么时候，干什么工作都会给你方向，给你思路，给你办法。学习的方式很多，要善于学习，要向书本学习，向实践学习。要坚持学以致用，把每天的工作实践活动与读书结合起来，学习就是研究工作，工作就是实践理论。“读书是学习，使用也是学习，而且是更重要的学习。”所以，创业者想要让自己的企业获得长期稳定的发展，一定要培养中层干部自发学习的习惯。

要打造沟通的能力

沟通在企业管理过程中无处不在、无时不有。沟通行为在企业中主要分为企业内部沟通和企业外部沟通。企业内部沟通包括企业员工和自己的上下级之间、不同的分工小组之间、不同部门之间、同事之间的沟通，企业内部沟通的目的是营造更有利于企业发展的良好氛围，提高工作效率。

企业外部沟通指的是企业与上级单位、相关政府部门、媒体、客户的交流活动，企业外部沟通更多的是体现“诚信、多赢”。企业外部沟通的目标是营造更有利于企业发展的外部环境，为企业的各项决策开辟道路。

企业中层干部在企业中处在承上启下的关键位置，沟通可以加深了解，增进友谊，通过理解，化解误解，为各项合作的展开做好铺垫工作。因此，中层干部的沟通能力在企业中有着至关重要的作用。

在沟通方式上，首先要主动沟通，在企业内部建立自上而下、由内而外高效率沟通的平台，广泛、充分地沟通，树立沟通的意识。其次，要学会沟通，掌握必要的沟通技巧，把握好时机。再次，要抱着宽以待人的态度，接纳不同意见，虚心听取反对的声音，有则改之，无则加勉。最后，要做到坦诚交流、学会倾听，在沟通过程中做到谦和有礼，寻找共鸣，实现达成共识的目标。

要打造决策的能力

决策能力是领导干部的必要能力。所谓决策就是通过对信息的分析和处理，制定发展策略。“决策”这个词看起来很高端，因为来源于军事，但是在实际的生产生活中其实无处不在、无时不有。决策的正确与否、果断与否直接决定着企业的发展态势。决策能力是衡量干部能力的一项重要指标。

那么，怎样才能提高决策能力呢？首先，要善于学习，通过学习提高自身素质，拓宽知识面，积累知识，训练技能；其次，要做好调查研究工作，确保信息的准确把握；再次，应该找到问题的关键所在，首先解决主要矛盾；最后，要有充分的自信心，时刻想着自己才是领导者，如果自己都怀疑自己的决策，那么下属怎么去执行呢？如果以上这些都已经具备，剩下的就是到实践中去锻炼，毕竟实践才是检验真理的唯一标准。

要打造驾驭能力

驾驭能力也是衡量一个领导能力高低的重要指标。“驾驭”一词本来是指古代用来驾驶马车等畜力车的能力，对马牛等牲畜控制得好，畜力车就可以平稳前进，如果控制不好，畜力车的行驶就会出现问题，甚至有可能导致翻车。

对于企业的管理者来说，企业本身就像一辆正在行驶中的畜力车一样，管理者的驾驭能力决定着企业的前进状态。如果企业的领导能力突出，一般我们会说这个领导具有驾驭全局的能力；作为一个优秀的企业领导者，应该在危险重重的环境中保持清醒的头脑，做到“泰山崩于前而色不变，麋鹿兴于左而目不瞬”，善于在荆棘从生、错综复杂的环境中抓住主要矛盾，敏锐观察周围的情况，准确判断事态的动向，做到从容指挥，这样才能无坚不摧，战无不胜，协调运转。而一定的驾驭能力也是一名中层管理者应该具备的。中层管理者可能把握不了全局，但小范围内的驾驭能力也是很重要的。

要打造语言表达能力

对于一个领导而言，沟通方式主要有两种：一种是文稿，一种是语言。具有满足工作需要的文字表达能力和口头表达能力，是一名领导干部必备的基本能力。良好的语言表达能力并不是一蹴而就的，需要长期的积累和实践。作为中层干部，通过学习积累能力，通过实践锻炼能力是必不可少的。著名语言学家吕叔湘曾经非常形象地说过：语言主要在于“三态”，人的思想是“气体”，用口头表达出来是“液体”，只有把它写在纸上才能成为“固体”。作为企业的领导干部，不管是在写文章还是在做口头演说的时候，都要围绕现实生活和实际工作中的问题展开。

做一名优秀的中层干部是非常不容易的，但只要认真学习、不断思考，抓住锻炼的机会，就一定会不断进步，从而更好地适应领导岗位。

创建高绩效团队

拥有高绩效团队，是企业正常运转的必要条件。如果团队整体的积极性不高，很难有高效率的工作，也就不可能产生高绩效。那么，该如何创建高绩效团队呢？以下几点可供参考。

明确团队目标，制订行动计划

商场如战场。《孙子兵法》上说："上下同欲者胜。"一个优秀的企业，应该是为了共同目标奋斗的利益共同体。

因此，在企业刚刚建立的时候，就要使企业的员工具有共同的使命感，为了共同的目标和利益而制订工作计划。在制定每一个组织目标的时候，要充分考虑到企业员工自身的利益和团队利益，利用团队知识和技能优势帮助客户解决实际问题，赚取收入。在大的组织目标之下还要详细制定每个阶段、每周甚至是每天的工作任务，制定完成任务的时间节点以防懈怠，把控项目整体的进程。

界定成员职责

目标制定完成后，在执行过程中要责任明确，明确到人，使得执行计划的员工带着使命感和责任感去工作，这样一来，计划在实施过程中，工作效率也会提高很多。责任明确到人还有一个好处，就是有利于团队的管理层全权监察计划的执行情况，对团队负责。企业的管理者必须清楚员工的工作职责、级别角色、工作权限和团队价值，并使团队成员明白每个人负责的领域，这样能在很大程度上提高工作效率。

实施团队考核，坚持赏罚分明

在规范团队成员的职责之后，还要在团队内部建立完善的考核制度，对于表现优秀的要及时奖励，对于懈怠的应该给予处罚。而且，制度制定之后一定要严格执行，如果执行方面做得不好，再好的制度也没有用。团队在运作过程中，绩效考核制度可以引导团队在正确的航线上前进。

重视过程沟通，强调阶段管理

创业者在刚刚开始的时候，就应该制订完善的行动计划，把控好每一个关键节点。要想完成创业计划，必须建立健全有效的沟通机制。团队里面的每一位成员都有责任把自己的工作情况及时反馈给团队里的其他成员，团队成员也有义务去了解团队内部其他成员的工作情况，以及整个团队的工作进展情况，以便及时更新工作计划，实现工作目标。

让队员站好位

一个好的项目或许需要一个好的灵感，而一个成功的项目并不只是这么简单，除了充足的资金，合适的市场条件，最重要的还是要有一个优秀的团队。所以组建团队、汇聚人才以及如何挖掘优秀团队的最大潜力是每个创业者都需要思考和学习的事情。

所谓让队员站好位，就是让团队成员各司其职，合理分工。在一个团队里，每一个因素、每一个成员、每一个部分都有着各自的职责，发挥着特定的作用，如此才能构成一定的稳定关系，因为相互之间有不可替代性和协调发展性，从而才能达到和谐共生、共同发展。这样的关系在《易经·系辞》里也有体现："天尊地卑，乾坤定矣；卑高以陈，贵贱位矣。"这就体现了位置的重要性。

什么叫"团队"？团队指的是一群有共同目标、共同信念的人组成的利益共同体。团队可以把所有团队成员的资源和才智集中起来办事，并且给予团队成员合理的回报。

一个优秀的团队主要体现在：团队成员配合默契、紧密协作，综合众人的意见和领导意见共同推进工作进度；出现责任绝不推诿、绝不扯皮；经常做自身评估和团队评估。

建设高效率的团队还有一个非常重要的内容就是信任。高效率的团队必须在平等的基础上建立信任，认识到自己的优点和不足，对于别人的意见耐心听取，虚心接受，还要认可别人的优点，避免嫉妒心理毁坏团队内部团结。

足够的人员是构成创业团队最核心的力量。在一个团队中需要有人出主意，有人定计划，有人实施，有人协调不同的人一起去工作，还有人去监督创业团队工作的进展，评价创业团队最终的贡献。目标是通过人来实现的，所以人员的选择是创业团队中非常重要的一部分。不同的人通过分工来共同完成创业团队的目标。在人员选择方面要考虑人员的能力如何，技能是否互补，人员的经验如何。下面这段话可以说明，不同位置上的人有着不同的特点：

“这事我负责”=领导人；

“这事我顶着”=顶梁柱；

“这事我来做”=领导左右手；

“这事我不会”=最基层员工；

“这事没人教我”=团队的拖累；

“这事找谁啊”=团队的白痴；

“这事不怪我”=团队的垃圾；

“这事为什么我来做”=团队的寄生虫。

作为成员在创业团队中扮演什么角色，是制订计划，还是具体实施或评估？是大家共同出资，委派某个人参与管理；还是大家共同出资，共同参与管理；或是共同出资，聘请第三方（职业经理人）管理？这体现在创业实体的组织形式上，到底是合伙制企业或是公司制企业。作为创业者，一定要记住，在创业的同时必须要建立一个共同成长、发展的团队。

站得高才能看得远

俗话说："读万卷书，不如行万里路。"人生这一辈子，经历的事情越多，我们脑子里面储备的知识就会越丰富。正所谓"纸上得来终觉浅，绝知此事要躬行"。清朝的一代"红顶商人"胡雪岩也认为：做生意最要紧的是眼光，你的眼看得到一省，就能做一省生意；看得到天下，就能做天下生意；看得到外国，就能做外国生意。

我国著名民营企业家严介和先生也说："站得更高，看得更远；走得更远，心智更明。"

只有站到更高的地方，才能眼界开阔，看到更美的世界，收获富贵、高雅、仁慈、祥和的境界。大多数著名的商人都祥和，大多数名士都有贵气，大部分学者都高雅，大多数的佛家、道家弟子都祥和、大气。年轻人要学会慈悲、智慧、祥和，站在更高的角度，让我们的眼界更开阔，收获更美的心灵。

当今之世，想要做好企业需要具有战略眼光，无论是对渠道或者商业模式的选择，还是对终端系统的设计，或者是对创新征程先后顺序的规划，都需要有战略思维，既要结合本企业的阶段性发展需求，又需要观察行业的发展大趋势，去做出相应的，并切实可行的预判。要不断接受市场信息，了解新的创新模式，找到这种模式的源头，而不能只顾及眼前的利益，就盲目传播。

有时候哪怕仅仅只有领先半步的优势，都有可能引导和创造市场的需求，刺激用户的兴奋点，煽动潜在用户的热情，就此赢得市场。

在企业的管理活动中，创业者需要认真去分析和洞察市场的商业规律。现在在山下的你，也许只是东瞧瞧、西看看，只顾眼前，可能还会认为到处都是不赚钱，甚至赔钱的买卖；但如果你登上高山极目远眺，你就会发现，很多的商业活动，通过资金不断的流动都在产生可观的效益，这都是我们规划企业下一步发展可以参考的资料。

经典案例：

VIPKID，掀起在线英语教育的革命

2017年，线上英语教育机构VIPKID营收突破50亿元人民币。CEO米雯娟在17岁时就不再上学，变身为到马路上发传单的创业小妹。在2014年为了创办VIPKID，她放弃年营收2亿元的线下英语教育机构。刚开始的几个月，她一共只收到4个学员。由于互联网赛场一日千里，VIPKID的发展开始快变，但在创立VIPKID的头一两年，米雯娟却刻意有些慢。她想用更多时间去好好打磨产品并建立体系。

在VIPKID刻意慢的时间里，不少同行都在快跑，尤其在生源的竞争上。而米雯娟却坚持产品才是王道，用户口碑才是公司发展的基石。压力之下，米雯娟依然坚持先做好，再做快，这最终给VIPKID带来了回报。2014年10月，只拥有40来个用户的VIPKID，得到了经纬中国创始人张颖的支持，并获得了A轮500万美元的融资。

众所周知，互联网行业“从0到1”会很难很慢，但如果方向找对了，从一到多则非常迅猛。由于前面产品和服务做到了极致，VIPKID的课程续费的人不断增加，虽然课程收费不低，却取得了极高的续费率，VIPKID的产品和服务得到了用户的足够肯定。靠

学生家长们的口碑，VIPKID完成了云锋基金C轮、D轮的融资，其负责投资VIPKID的执行董事李娜就是学生的家长。

VIPKID快速发展，为大幅扩张并掌握师资，加速引入人才，米雯娟决定让VIPKID前往美国建立分公司，以势不可挡的姿态冲向行业之巅。之后云锋基金、腾讯等背景和资源强大的顶级投资机构，以及美国篮球巨星科比·布莱恩特也都陆续出现在了VIPKID的股东名单上。其中总额达2亿美元的D轮融资，创下至今为止全球在线教育领域的最大单笔融资纪录。

VIPKID能够快速冲到这么大，得益于米雯娟和团队不断提升的战略格局。米雯娟认为，创始人的格局，以及创始人能否将自己的格局变成公司上下共同的格局，对公司的发展至关重要。在选择投资人和高管时，她最看重的也是格局，即是否能有助于VIPKID眺望到更高更远的天空。

瞄准市场，并把服务市场的产品做到极致，让VIPKID站在行业尖端之上，这也是米雯娟最为重视和自豪的一件事。经过几年的发展，由于资本的强力介入，具有领先优势的VIPKID已收获了市场份额，率先在北美建立了自己的教育研究院。同时，公司还与《美国国家地理》达成战略合作，进一步提升产品优势。

几年下来，VIPKID给投资人最大的印象就是米雯娟一直奉行的“Under Promise，Over Deliver”，即做到的比说的要多。从一个辍学青年走到今天，米雯娟感慨万千，在感恩很多人对自己的助益时，她也庆幸自己当年勇敢地选择了理想，这才有了如今的VIPKID。

经典案例：

毕振，用“觅跑”开启全民健身新时代

在成为“觅跑”创始人之前，毕振曾是饿势力创办者、“人人地推”众包平台创始人。对这个地推老兵来说，他一直认为地推是公司营销推广最有效的方式之一，而能否打通巨大的线下流量入口——社区，成了他履职生涯中最大的悬念。

从饿势力，再到现在创立“觅跑”共享健身仓，这个山东男儿都带着一股直来直去、敢闯敢拼、心怀大局的执着与侠义。

“说真的，我不懂体育。”这是“觅跑”创始人毕振最常说的一句话。

“觅跑”共享健身仓成立一周，公司就估值过亿；短短四个月内融资三次，总融资额达 1 亿元。创始人毕振居然说自己是个体育门外汉。“因为我的出发点不在体育上，我做的是运动健康方向，为的是降低运动门槛，达到全民健身。”

2015 年夏，毕振创立的饿势力回归到饿了么，而此时美团、百度、淘点点、到家美食会、外卖超人等同行业之间厮杀得尸横遍野，形成了三足鼎立的局面。这时的毕振却看到了另一个机会。

回忆当时的转型，毕振说道：“我分析过，互联网线下有两条腿靠人力去完成。一条腿是地推，另一条腿是物流。”因为拥有多年的

营销从业经历，让毕振看到了新的机遇：物流赛道已经人满为患，但地推还有很大的入局空间。于是在2015年，毕振创立人人地推（众包APP）。北京有近1/6的店铺都与之合作。半个月时间，人人地推的业务在上海、广州、深圳等20个城市不断扩展。由于前面的方向正确，2016年，人人地推获得了500万元的天使轮融资。在地推进行过程中，毕振发现，社区是一个场景，有着丰厚的流量和市场潜力，但特别难介入。社区场景的流量规模非常可观，毕振表示："如果学校的场景规模为10，商圈为100，社区能达到1000的规模。"

他一直在寻找一个市场切入点。一次，他给公司同事们办健身卡，并邀请他们免费健身，却没有一个人去。他由此思考："会不会是现今的健身房模式存在一定的问题？"的确，传统健身房的主要盈利方式是售卖年卡和私教课，由于大多数用户体验感差，复购率极小。毕振认为客户是有健身需求的，所以才会办卡。但如果健身房服务没做上来，就会把用户的需求磨掉。而理想的健身环境应该是充分利用用户的碎片化时间，去掉繁杂的环节，最大限度发挥健身的自助性，贴近私人生活场景。按照他的设想，打入社区的最佳产品应该是一个占地5平方米的共享健身仓。于是毕振的共享健身仓在2017年6月落地北京，用户可线上预约、扫码进仓。共享健身仓分为跑步机、动感单车、椭圆机等主题仓，内置空调、空气净化设备、消防设备、智能电子屏等娱乐设施。

"觅跑"上线之后一个月内进行了二代升级，其团队之后也在不断进行产品设计更新。接下来的几个月，觅跑健身仓前后在北京、上海落地，并且和万科、龙湖、绿地、招商局等多家地产巨头签下上千个场景社区。毕振计划未来一年将进驻十个左右的一、二线城市。

第五章 定位经营策略

第六章 主导战略领航

创业分享：未来不会创新的企业家和不会创新的企业，将很快消亡，靠模仿生存的企业将再无立足之地！

——严兆海

企业的经营策略

管理学大师彼得·德鲁克曾经说过："竞争战略的主要目的是为了能比竞争对手更好地满足顾客的需求。企业经营目标的唯一有效的定义就是顾客。"创业者如果想要在竞争中获得优势，有两个基本方向可以选择：一是提供更低的价格，二是提供更高的价值。具体应该采取什么样的战术，还应结合企业的资源、优势等量力而行、量体裁衣，为企业制定合理的经营策略。

那么问题来了，什么才是企业的经营策略能力呢？笔者认为，企业经营策略能力是针对市场大环境下企业的发展来说的。企业在发展的过程中，随着外部环境的变化而不断改变自身的策略方针以适应市场需求，让企业获得长足发展。

目前最灵活的企业经营策略就是动态战略管理模式，这样能够以更机动的状态提升企业的市场价值，而其他任何模式的策略都无法同时迅速成功实施这些策略，这样一来，创业者就带动了行业的发展，制定了行业的规则。举个例子：在iPhone诞生之前，我们通常使用的手机卡是不需要进行剪卡操作的，我们用的都是普通SIM卡，但是自从乔布斯在iPhone上率先使用微卡(也叫Micro SIM卡)之后，许多企业纷纷效仿；接着苹果公司又在新型的iPhone上应用了更小、更节省空间的Nano SIM卡，再一次引领了行业潮流。到目前为止，使用普通SIM卡的智能手机已经很少了。

企业的经营策略是企业的技术、设备、管理、营销等方面知识积累的结果，而不是为了创新而创新。企业的经营策略是企业生存的基础，并决定着企业未来的发展方向。与竞争对手相比，企业的经营策略是独特的、短期内不可模仿的，它有助于实现客户的根本价值，并引导客户价值的提升。

企业的资源是企业发展的外援，但还要看企业资源的数量、质量，以及利用资源的方式和效率；企业拥有核心竞争力之后，要寻找自身的不足，明确企业发展的正确方向。必须在正确的策略指导下，有效调动资源和能力。资源、能力和策略三者缺一不可，三者和谐有序地为企业的发展提供动力就是企业的经营策略能力。企业经营策略能力的提高还需要在企业的发展过程中进行协调整合、培育和使用，从而获得竞争优势，让企业获得长远可持续的发展。

快速打造经营能力

一个强大的企业，必须是“强”与“大”互利共生的，由“强”而催生企业的“大”，借“大”之势头提升企业的“强”。“强”是“大”的基础保障，“大”是“强”的发展空间。一个真正强大的企业，是“强”与“大”之间达到一种和谐的状态，公司的强大与否，更多地取决于“强”与“大”之间的关系是否协调。换言之，企业的“强”一般我们可以理解为“专业化”，企业的“大”一般我们可以理解为“多元化”，“强”和“大”本身并不只是企业发展的根本问题，企业发展的根本是“强”和“大”之间形成一个有机的、和谐的系统关系，然后根据公司的具体情况、资源来进行整合，以便推动企业发展。

企业在扩大规模的过程中面临的风险是难以规避的。经营模式绝不可从书本上或者其他竞争者那里照搬照抄，而需要创业者在对公司的资源和能力进行分析的基础上做出决策。企业的领域不同、经营理念不同，具体的运营操作模式肯定不会完全一致，所以各级经营管理层不能以习惯性的思维来经营管理企业，必须有自主创新意识，寻找最直接、最有效的管理模式和方法。

在企业的管理上，最主要的是企业的组织结构，企业员工的任何行为都必须在组织结构许可的范围内进行。如果不这样限制员工的行为，公司的内部关系会复杂、混乱，长期下去会很难梳理。因此公司内部各个事业部之间的关系都要协调，同一个事业部不同的工作组之间的关系也要保持合理的协调、稳定，最终让企业形成一个和谐的系统。

定位定天下

创业者如果希望企业获得长期稳定的发展，把握好企业产品的定位至关重要。在开展企业的经营活动之前，首先要清楚自己生产的产品是什么东西、目标客户群是哪些人、有什么特点、产品的核心价值在哪里，有目的性地去制定企业战略和实施方案。一般来说产品定位可以分为下面几个步骤：

第一，明确企业产品所属领域。

第二，清楚了解产品的市场情况。

第三，筛选出企业产品的主要竞争者。

第四，对比归纳差异，了解同行业企业的优势和不足。

第五，通过详细的分析，分清优势劣势，对产品进行精准定位，确定推广宣传要点。

第六，通过市场反馈情况，修正产品定位。

品牌驱动力

当今时代是一个信息爆炸的时代，消费者容易被形形色色的广告诱导，催生购买欲。但是，与此同时我们应该意识到，随着广告业的发展，广告公司在不断开疆拓土，广告的制作成本越来越高，但是消费者对于广告的信任程度却越来越低。也就是说，广告的价值正在缩小，很多广告投入了很高的成本，但是消费者并不买账，这是让很多企业主头疼的事。那么，是什么导致了这样的问题呢？

企业需要的其实并不是广告本身，企业需要的是消费者对于企业理念、知识、体验的一种认同感。消费者需要的当然更不是广告本身，而是更有效、更有价值的服务和解决方案。这两种需求的契合点就是广告本身需要解决的问题。广告本身只是想办法用一种更加贴切的方式与消费者沟通，最终达到引导消费的目的！

简单来说，广告有四个方面比较重要，即策略、创意、执行、投放。但是这四个方面不是等量齐观的，目前很多的营销咨询公司跟广告公司有合作，甚至许多营销咨询公司本身就有广告制作的业务，他们往往会告诉创业者："策略比执行更重要""只有在执行层面把控好质量，才能收获良好的广告效果""一个传播力强、影响力大的广告，主要还是投放环节"，如此等等。很多创业者就是这样被他们带到沟里去了。其实仔细想一想，他们为什么这样说？因为在这三个环节加码可以给他们带来收入，而真正最重要的创意却被无数的企业主忽视。真正好的广告是能够让消费者眼前一亮、产生足够深的印象的广告，所以广告与广告最根本的区别在于创意。那么，什么样的企业迫切需要创意度更高的广告呢？主要有以下六大类：

第一类，产品差异化微乎其微的产品，因为差异小，所以消费者可能会觉得买哪家的无所谓，商家找不到卖点，这个时候就需要广告创意来一锤定音。

第二类，产品本身与同类产品有比较大的差异化，这种差异可以作为产品的卖点，但是这个卖点并没有被消费者所接受，这个时候就需要广告来达到广而告之的效果。

第三类，产品本身与同类产品有比较大的差异化，这种差异可以作为产品的卖点，但是这个卖点没有足够的广告资金用来宣传，在广告投放环节也不能频次过多，这个时候，需要用广告的创意来让消费者眼前一亮。

第四类，全新品牌投放市场，要想在最快时间打出知名度，这个时候可以用广告的创意来获得消费者的认可。

第五类，企业的知名度很高，但是产品的口碑并不好，用户普遍感觉产品差强人意，这个时候可以用广告创意来加强消费者对产品、对企业的好感。

第六类，如果企业的产品没有特点，产品的质量不是特别突出，而且企业没有足够的资金来保证广告频次，那么这个时候的广告创意就是产品销量的唯一“救命稻草”。

广告和创意是改革开放之后才被人们逐渐重视起来的，在世界范围内也只有 100 年左右的历史，广告可以说是一个新的产业，可它却在逐渐走向衰退。这听起来很残酷，却是事实。但是，如果我们可以从衰落的缘由中吸取教训，找到适合自己的理念与模式，广告还是大有市场的。

策划的能力

策划是一个企业的重要工作之一，没有理论基础的人是做不好策划的，一个好的策划不但要同时懂得营销学、管理学，还要精通心理学、数学等相关专业知识，而且这些内容还只是理论基础，具体的能力还需要到实践中去历练。对于企业内部具体部门的专业知识，策划不要求完全掌握，只需大致了解即可。与策划相关的专业知识和能力有很多，大致可以分为以下三类：

第一类，是信息收集、分析技术。包括数据的采集、检索资料等。

第二类，是构想设计的能力。一个好的策划人应该有非常高的构思能力，这种能力虽然与天赋有关，但后天习得仍然占很大比例。

第三类，是展现策划案的能力。策划要写策划书，这其实并不像人们想象中的那样简单。策划书中的文字和我们经常阅读的书信或小说不同，需要专业的展现技术，也有专业的格式参考。

经典案例：

微软加速器的成功秘诀

微软作为国际一流的大型跨国公司，早在进行战略发布时就曾前瞻布局，2012 年成立了专门孵化加速初创企业的加速器。成立 4 年多的微软创投加速器于 2016 年更换了名称，改名为微软加速器。其原因是微软于当年 6 月成立了微软创投基金，专门用于投资 B2B SaaS、生产力软件、安全、人工智能与机器学习，以及云基础设施等云服务领域的 A 轮到 D 轮创业项目。在不到 5 年的发展中，微软加速器 CEO 罗斌被同行羡慕，他们想知道，罗斌和他的团队能够成为微软初创团队最重要的秘诀是什么。

虽然是初创团队，但还是需要团队具有一定的领袖才能，这并不是单纯要求公司创始人具有领袖才能，而是说整个团队和产品本身在这个行业里要有可以领航的水准。有创新、有引领方向、有稳定成熟的团队，这样更容易得到微软的青睐。曾在英特尔公司工作超过 13 年的罗斌，有 8 年以上服务于英特尔投资，他还在 Novell、惠普等公司工作过，并有两次创业经历。在操作系统、芯片、网络和企业级产品等公司的职业经历，让罗斌更看重从基础技术体系和布局来判断创业项目。

在 2016 年，申请加入微软加速器的团队达到了惊人的 1200 家。

8月18日，第8期入选名单公布，一共入选的有15家创业团队，其中包括3家物联网及基础架构团队、6家大数据分析团队、1家混合云管理团队、1家增强现实团队、1家互联网安全团队，以及3家医疗健康团队。而仅在VR/AR领域，申请数量就有近100家，影创科技成为唯一一家入选的AR创业团队。在光学、图像识别算法、SLAM即时定位与地图重构、基带处理芯片和CVPU视觉处理芯片等基础技术领域，影创科技都有自己的优势。罗斌表示："我们判断当前VR/AR产业还处于早期，因此具有核心技术的硬件团队从长期看更有影响力。"微软加速器第8期的项目选择与价值判断标准，为国内的创业者生态指出了下一个重要的创业方向，即具有高技术含量和重大产业影响力的基础性技术和产品。

当下的中国大力提倡创新，也在努力营造良好的创投环境，中国的实体创业也是百花齐放。而在20世纪初，国内还很少有加速器和孵化器。罗斌所在的企业是那时中关村第一批做加速器的企业，中国市场正需要更多的加速器来对创业进行服务。

如今众创空间建设浪潮正在全国大范围兴起，2016年全国科技工作会议发布的数据显示，全国各地众创空间已经超过2300家。截至2016年上半年，全国已有29个省、自治区、直辖市出台了支持众创空间建设与发展的政策，或关于推动创业创新的实施意见。2300多家创业孵化器和加速器是否意味着"泡沫"呢？罗斌认为恰恰相反，他表示，在当前国内创业孵化器和加速器数量的基础上再乘以10也不算多，因为创业孵化器和加速器的服务都属于个性化的咨询服务，对于每个创业团队的辅导都是量身定制，因此一家创业孵化器或加速器能容纳的创业团队数量非常有限。仅微软加速器第8期就有1200家创业团队申请参加，如果按一家加速器容纳20个创业团队计算，也至少需要60个加速器才能够用。

要让创新成长为真正的生意，从纯技术变成大家能够看得懂的，对大家的生活可以有切实改变的产品。微软已经不再是一个只做Windows和Office的公司，它的目标是做最好的加速器，不仅要做最好的加速器，还要引领整个创业、创新潮流。加速器就是一个服务的平台，主要服务系统里的这些初创企业，帮助他们取得成功，而微软也能随之取得更大的社会影响力。微软加速器对初创公司主要给予包括免费提供场地、技术扶持，以及价值人民币300万元的微软Azure云服务等支持。罗斌表示，微软加速器将追求产业影响力和技术影响力，并从技术体系互补性和空白点等来判断创业项目的价值。接下来，微软加速器不仅要聚集具有高技术含量的创业团队，还将协助其他加速器"加速"，以形成孵化器和加速器的产业链条。实际上，美国的孵化器和加速器就已经形成了一个清晰的产业链条，从天使轮一直到D轮或最终上市，都有相应的孵化器或加速器专注于某个具体的融资阶段。在这方面，中国才刚刚开始。

总体来说，可以从微软加速器的变化看到，当前的国内科技创业环境和创业趋势正从缺乏理性的扎堆创业和创业泡沫向更为理性的方向调整。基础科技领域的创业、产业技术体系空白点或互补点的创业、前瞻性技术布局等方向，正在吸引新一代创业者。

微软加速器战果累累。在已“毕业”的126家入驻企业中，企业总估值超过400亿元，估值增长比率超过600%，其中93%的团队从入驻到离开的短短几个月内完成了下一轮融资，“毕业”之后，有3家企业成功在新三板上市，12家企业被并购。

经典案例：

美图，拥有 14 亿用户颜值的帝国

早在 2015 年 10 月，吴欣鸿创建的美图移动端产品就已经拥有 14 亿总用户，覆盖 9 亿台移动设备，移动端月活跃用户 2.7 亿，日活跃用户 5200 万。美图海外用户已超 1.1 亿，全球用户数过百万的国家和地区达到 18 个。

家道中落的“富二代”吴欣鸿，又经历了 32 次的创业失败，并负债 64 亿。而靠卖域名发家的吴欣鸿如今已是上市公司的老总，身家超过 50 亿，在“80 后”富豪榜中位列第 12 名。不得不说，这样的经历确实传奇。

一直家境富裕的吴欣鸿，在上高中的时候，父亲的工厂因被人骗了一大笔钱被迫倒闭。吴欣鸿一夜之间长大。为了还清父亲工厂欠下的巨款，毕业之后的吴欣鸿没有去读大学，他下狠心放弃了喜爱的绘画和摄影，选择创业。而这一切，并没有让吴欣鸿有多大的失落感。相反，他很快就从互联网世界里找到了成就感。之后的一年，他每天从英语词典里挑选与艺术相关的单词，再到网上购买域名，可是最后他挑选的一个都没成交，之前借的一万块钱就这么打了水漂。他没有放弃，一直在找哪里出了问题。很快他意识到可能是自己的选择方向出了问题。

2000年，对吴欣鸿来说是美好又难忘的一年，因为卖了一个好域名，他挣得人生的第一桶金——3000美元。而第一次的创业并不是一帆风顺的，由于初建的团队毫无经验，而吴欣鸿的控制欲又强，事必躬亲，找不到重点，对别人的工作又总是不放心，不到两年就败光了账上所有的钱，这次创业以失败告终。

创业失败后的吴欣鸿加入了蔡文胜的团队。在一年时间里，吴欣鸿从股票、视频到资讯共做了30多个产品，但基本上都失败了。直到2007年非主流文化崛起，火星文出现，一夜之间就席卷了全国。当时很多年轻人很喜欢各种奇怪的文字和符号，这就是所谓的火星文。看到这种趋势，吴欣鸿突发奇想，为何不能推出一套适合网络语境的文字转换器呢？紧接着从提出想法、立项到推出产品，吴欣鸿和团队只用了短短的三天时间。由于极大地满足了众多"90后"叛逆和求异的个性，吴欣鸿没花一分钱，就让产品得到了病毒式传播，加上站在了QQ等社交产品的肩膀上，瞬间引爆了整个"90后"群体。吴欣鸿觉得当时几乎没有人把眼光放在"90后"的非主流文化上，而自己刚好抱着玩玩的态度去做了一款很小的产品，刚好满足了他们的需求。

第二年，吴欣鸿从蔡文胜旗下的公司独立出来，由原来的部门Leader变身创业者，而蔡文胜则由幕后老板变身天使投资人。吴欣鸿其实一点也不懂PS专业技术，但不影响他成为一个好的产品经理。不会PS的他反而不会被既定的思维所限制。吴欣鸿觉得一款好的产品，就应该让用户变成"小白"，他只需要知道如何能一键达到想要的效果就行了。

美容功能好像一扇门，让美图秀秀的用户增速出现拐点的，就是美容功能的添加。之前的美图秀秀只是一个滤镜软件，还有一些基本的旋转、改尺寸、裁剪等功能，这在同类软件中没有竞争力。而美容功能的添置把修图的复杂步骤简化，让用户一键就可迅速便捷地实现颜值提升，这为美图秀秀带来了数以千万计的用户，也进一步将美图秀秀与市场中的同类竞品彻底区别开来。因为这一个小小的创举，满足了大部分“小白”用户的真实需求。2016 年 10 月，美图秀秀的月活数约为 4.56 亿，这在整个中国互联网圈都寥寥无几。同年 12 月 15 日，美图在港交所IPO，市值接近 50 亿美元。

美图秀秀如今的成绩，离不开吴欣鸿这个操盘者，之后其旗下产品美图手机收益占比更是达到 95.1%！美图发布手机其实也并不是为了“做手机”，而是为美图应用开辟了一条软硬件结合的道路。

只有用户达到一定的黏性之后，商业化才能水到渠成。就拿微信来说，之前不做广告，而现在微信广告做得很好，并且没有影响用户体验。不得不说，美图的产品做得如此成功，归因于吴欣鸿对核心需求的准确把握。

如今，美图公司拥有 450 多名员工，市值接近 50 亿美元，但CEO吴欣鸿一直把自己定位成一个产品经理。他觉得，最核心的事是把产品做好，把用户需求搞明白——“真正去把一件事情做得很好，跟用户贴得很近，保持公司核心的创造力，这些对于我来说价值更大。”

第六章 主导战略领航

第七章 突破顶层设计

创业分享：成长为企业家的必备特质是：超越现实的梦想，永不磨灭的信念和征服一切的意志力！

——严兆海

制定企业战略

创业者绝不可以为了短期的利益而忽略长远的利益。正所谓“人无远虑，必有近忧”。然而，成功的创业者能够根据市场的变化迅速做出战略规划，进而根据战略规划做出具体的战术安排。他们能够培养关键的能力，打造关键的资源，最终使新创企业走向成功。创业者在创业初期要首先制定一套完善的战略规划。战略规划的重要性要远远高于人事问题、角色安排等事项。

明确公司的战略方向

公司战略如果不能为企业提供明确的发展方向，这项战略也就无法通过其余的检测。每一个创业者都希望创办一个能够长久发展的企业，这就需要创业者制定出更为大胆、更能适应未来发展的战略，包括公司的服务对象、服务地域、技术能力，以及其他的战略性事项。为了赢得人才和资源，发展战略必须体现创业者设定的公司发展愿景，而不是体现公司的现状、政策，以及决策。战略的表述应该简明扼要，使员工、投资者以及客户等主要利益相关者看起来更容易理解。这样的战略才能行之有效。战略还要排除那些看似有诱惑力、实际上会耗尽公司资源的活动投资。一项战略如果定义过于宽泛，对公司行为没有任何限制的话，就等于没有战略。

战略能否带来可观的利润和企业的成长

创业者一旦制定出明确的战略，就要确定这些战略能否为企业带来利润，并且使企业发展到一个理想的规模。如果利润回报不理想，创业者应该考虑如下问题：资源的竞争力；比竞争对手更好的产品或服务；利润能否弥补额外的成本支出；能否以更高的价格销售足够数量的商品或服务以充抵固定成本；如果企业经营的是大众商品，成本是否低于竞争对手；市场是否足够大；规模是否妨碍了公司利润的增长。

当企业还不能赢利，发展还不是很令人满意的时候，创业者必须采取激进的措施，要么寻找新行业重起炉灶，要么在现有领域里发展创新性的规模经济和范围经济。

战略能否持久

战略是否能满足企业长期发展的需要是个持久性的问题。能抓住机遇的创业者一开始都能获利，因为他们是与已经落伍的对手进行竞争。随着市场的不平衡状态渐渐消失，许多商海的弄潮儿也会随之消失，因为他们既没有与众不同的发展能力，也没有建立起有防御功能的竞争能力。

商海的弄潮儿必须预测到市场的饱和、竞争的加剧和下一次浪潮等情况，采取全新的、更持久的商业模式。高速成长企业的创业者如果不认真思考退出战略，可能会在短期成功的刺激下，不断地将利润投资于不能持久发展的企业。

为打江山制定的战略，不一定能守住江山

由于成功会引来众多的模仿者，建立在一两个优势之上的商业模式会变成明日黄花。竞争对手能通过模仿轻易地击败一位创业者的创新产品。但是，他们会发现复制一个包含许多独特能力和补充能力的系统要困难得多。

如果一家公司拥有吸引人的产品线、和谐的制造与物流流程、与经销商密切融洽的关系、客户导向型的企业文化，并有能力不断推出革新产品，将是竞争对手无法模仿的。

发展目标是太保守，还是太远大

创业者应该评估公司的发展目标是否适合公司的业务发展，不同的企业能够并且应该以不同的速度发展，发展速度不能慢，但也不能一味地求快，控制在一个合适的速度对于新创企业来说非常重要，太快或者太慢都有可能摔跟头。

所以，新创企业要找到适合本企业的发展速度。

再造营销模式的能力

所谓再造营销模式，是指企业和销售员根据市场竞争形势和客户需求变化而对自身营销上的战略、策略、流程、渠道等进行调整和创新，以期改变当前窘迫的现状，或者跟上市场发展的脚步。

这种能力首先是由“现代营销学之父”菲利普·科特勒提出的，他认为再造营销模式的目的是培育和提升能够领先于竞争对手的销售环，并且具备可持续营销能力，最终通过改变去不断增加客户价值和提高客户忠诚度。

显然，再造营销模式的能力是一种以市场为导向，以客户为中心，以利润为目标的科学、完备的营销管理体系。它能够为我们的业务保驾护航。

于真实的市场而言，当企业的销售代表们费九牛二虎之力才签下一个新单后，在合同期内符合要求的提供产品和服务并不能决定客户在合同到期后就一定会续签，也就意味着老客户并不能确定地为企业带来持续的收入。

其实，消费者或者客户在消费的过程中往往是无意识的，他们的很多行为都会导致后续的付费行为。比如说，当一名消费者在亚马逊买Kindle的时候，他的消费并未结束，因为他肯定会继续购买电子书，为这些阅读内容付费，乃至以后Kindle的维修、更新换代，等等。

这就是亚马逊的厉害之处，它将消费的可持续性直接绑定在了产品之上，让消费者可以跟亚马逊总是保持着联系。以往的书报杂志的订阅，往往也是以年为时间单位的，只不过现在它们逐渐被互联网和电子产品替代。

这一点在软件行业中最为明显，软件商们不再追求一次性销售软件，而是将其转变到按月或者按年收取使用费，这既降低了使用门槛，让更多人愿意掏钱试试某个软件，也形成了持续消费，甚至用户为了更优质的软件服务和更高的软件权限愿意投入更多金钱，以获取相关内容。

所以，在未来依靠经常性收入商业模式的公司必然面临着转型。因为他们花很高成本完成的初次销售在合同期过后的回报率极低，如果不能依靠不断地寻找新客户去完成交易收入，企业将被其他具备再造营销模式能力的公司打垮。

知名的电脑制造和销售商戴尔无疑是再造营销模式的佼佼者。早在 20 世纪 90 年代，戴尔就开创了这种革命性的新型商业模式。相较于传统模式中计算机制造商先投入生产成本生产出电脑，再通过零售商将其销售出去，这种销售远远滞后于生产的方式，戴尔进行了一次颠覆。

戴尔的做法是将电脑直接卖给消费者，并且是在拿到明确订单后才开始组装电脑。戴尔将这种生产模式命名为“准时生产模式”，其意义就在于尽可能地让销售环节和产品交付的环节之间的错位最小化。这样一来，戴尔生产的电脑不用在货架上静静等待被买走，从而导致贬值，也无须在生产环节上垫资过多，这就减少了传统制造商的两个最大弊病，可谓一举两得。

这也使得戴尔能够自1995年起，就一直名列《财富》杂志评选的“最受仰慕的公司”，到了2017年更是名列《财富》美国500强排行榜第41位，可谓获得了长久的兴盛。

不管是戴尔的直销模式，还是根据企业特性和市场需求而制定的营销模式，企业主和销售员都要谨记这样一条原则：善变则多得。善于抓取客户痛点，令其产生持续性的、可再造的消费需求，就一定能够让企业获得源源不断的订单，也就意味着企业能够逐步强大，能够经受住市场的巨变和技术的迭代而屹立不倒。

颠覆商业模式的能力

对于一个企业而言，尤其是在行业内颇有地位的企业，创造其独特的商业模式是很艰难的，而更令企业家头疼的是，当原先的商业模式已经无法适应企业发展需求时，想要颠覆这种商业模式更加艰难。

但世上无难事，只要肯努力，愿意学习先进经验并灵活运用。一般而言，可以从以下几种方向进行改变。

适当改变成本结构

成本结构是决定企业效益走向的基础，科学、合理的成本结构框架和战略发展方向对于颠覆原本的商业模式，创造更大的企业效益非常有利。

这取决于两个要点：第一，企业主是否能够进行成本结构的革命性改造，而不仅仅是单纯的极力削减，因为这会造成成本结构的不科学，尤其当牵扯到人力成本的不合理削减时，会造成基层员工的反感，进而产生一系列的负面影响；第二，企业主是否能够意识到竞争对手可能会通过成本结构的变革，从而提升企业竞争力，进而对其形成致命打击。

百年鞋企耐克可谓在制鞋领域叱咤风云，能够对它形成威胁的仅仅只有阿迪达斯等少数几个企业，可以说稳坐钓鱼台，只要不犯大错就很难出现危机。然而，耐克的领导层始终在寻求变革，尤其是在成本结构上的变革。

例如，他们在跑鞋的制作中采用了一种名为Flyknit的鞋面编制技术，即通过软件操控针织机对一块面料织出鞋面整体部分。这一划时代的技术个性，将劳动力成本降至最低，同时也降低了原先生产模式中涉及的运输成本，从而革新了自己的成本结构。

在此之前，耐克的跑鞋都是由工人生产出的30~40片构件拼接而成，人力成本高，且效率低下，所以耐克往往在发展中国家建立工厂，通过劳动力密集模式降低成本。

自从耐克采取了这项被誉为“微精细工程”的制造技术后，不仅能够用更低、更高效的生产模式来降低成本结构，并且通过Flyknit技术制造出来的跑鞋，比耐克竞争对手的产品更轻巧好穿。

这也是通过技术推动成本结构变革的另一个好处，更低的成本制作出更好的产品。

所以，任何时候成本结构的不断优化都是企业家必须时刻关注和推动的事。

让消费者自愿且免费地为企业创造价值

这是当前商业模式中被一再提及的，也是许多知名CEO常常挂在嘴边的。其中，最常见的做法就是“粉丝经济”，比如小米手机运营的发烧友粉丝群体，索尼运营的黑科技信仰粉丝群体等。

早在20世纪，知名塑料保鲜容器厂家特百惠就提出一个口号：

“做价值不做价格”。特百惠坚持致力于为顾客提供物有所值的优质家居用品和个性化的购物体验，不参与低端产品的竞争。

特百惠先是定义出其目标客户，即富有热情的家庭主妇。特百惠将这些人拉入自己的直销渠道中，利用这些老客户进行口碑传播，并不定期举办“特百惠派对”，让新老客户共同参与，然后让热情的主妇们向其他主妇推销特百惠的塑料餐具。

这一商业模式不仅让消费者和企业形成共赢，带来了收入大涨，也为特百惠雇佣销售人员和进行市场营销降低了成本，可谓一举三得。

同样的，著名的互联网企业Facebook也是这一领域的佼佼者。可以说，该公司的商业模式完全依赖于用户创造的内容，并通过数十亿的用户发布的信息、图片等内容产生分享，以形成Facebook的产品力，即社交能力。对于Facebook而言，用户的这些行为是自发的、免费的，如果没有这些热衷于创造内容的用户，Facebook本身一文不值。

瑞典的宜家也是通过利用消费者的热情，将家具制造环节中的组装交给客户自行DIY，不仅省去了自己大量的组装成本，还给消费者带来了DIY的别样乐趣。

所以说，创造能够让消费者自愿创造价值的商业模式是未来企业发展的一种趋势，企业家可以让消费者去做销售员、组装员、内容生产者，只要消费者愿意，觉得这件事有利可图、有趣味、有意义，他们就会成为企业的价值贡献者。

快速简单地扩大规模

商业从来不是一个容易成功的战场，强盛的企业一定要拥有一个相对稳定的商业模式以满足客户日益增长的需求。所以在市场竞争中，这类企业相比那些需要不断调整策略的公司就获得了显著的商业竞争优势。

共享经济的金字招牌Uber正是这样的企业，它通过将私家车主转化成出租车司机，然后将这些车辆通过软件推向市场，推到有乘车需求的消费者面前，从而赢得了青睐，创造了价值。在Uber的商业模式中，无论平台规模如何扩大，有多少私家车变成出租车，有多少消费者参与消费，Uber都无须重新配置基础设施。越来越多的人会加入到这个商业模式中，Uber迅速成为独角兽企业也正是这个原因，它一劳永逸地解决了商业模式中最重要的基础平台搭建，并给予它强大的生命力和发展潜力。

通讯软件WhatsApp也采用了同样的电子化平台进行最大规模扩张的模式，一个令人瞠目的事实是，在WhatsApp被Facebook以数十亿美元的价格收购前，该公司仅用60名雇员就为4亿用户提供了服务。

互联网企业在快速扩张上固然有电子化平台的先天优势，实体企业也有规模扩张的办法，比如麦当劳推行的特许经营模式。在此之前，餐饮行业的扩张是需要非常多的资金和时间沉淀的。麦当劳通过授权的方式进行了快速的规模扩张，一举领先了众多的竞争对手。这种授权的商业模式自然适用于很多行业。

避免残酷竞争

所有企业的倒下都是因为在竞争中的失败，没有任何一位企业家能够在残酷竞争中一直保持胜利，永不失败。所以，聪明的企业家谋求的往往不是如何保证竞争成功，而是谋求避免竞争。

想要做到这一点，就必须要求企业家能够汇集所有商业模式中的优点去保护企业的业务不会被竞争对手挤压，企业的业务方向永远能够在战略上高于对手。

以苹果公司为例，他固然是智能手机行业的领导者，但并不意味着苹果手机能够打败所有竞争对手，安卓系统同样有许多优秀的智能手机品牌。但是，苹果的商业模式为它筑起了一道护城河，让所有竞争对手都望河兴叹。

首当其冲的就是App Store，一个将手机程序开发者和IOS用户连接起来的平台，用户通过搜索就可以查询出成百上千的应用程序。这种生态一旦建立起来，就极难被复制。于竞争而言，它本身的技术层面已经无关紧要了，先发制人的优势早已远远甩开了竞争者。即便有其他企业试图进入这个领域，也难以撼动苹果的份额。

综上而言，颠覆现有的商业模式，建立起低成本结构，具备粉丝经济，能够快速扩张，并且拥有无可比拟的竞争优势，就是当下企业家应当去做的事。

战略分阶段进行

企业战略的制定固然重要，但任何战略的成功与否都要看战略的落地，也就是具体执行战略的方式。我们都知道，战略的实施应该是在公司高层形成一致的意见后，再向中下层传达，然后在基层的各项工作中得以分解、落实。此外，战略的实施还需要进行分析、决策、执行，再分析、再决策、再执行的不断循环，才能保证战略实施的有条不紊和不偏离初衷，以期逐步达到战略目标，占领战略高地。

可见，好的战略实施应当是一个自上而下的动态管理过程。

当战略尚未实施前，它只是纸面的方案，或者领导者头脑里的想法，而实施是战略管理过程的落地阶段，因此它比战略的制定往往更加重要。一般而言，将企业战略推动到战略目标的实现分为四个阶段。

战略发动阶段

在这个阶段，企业领导人需要研究如何将企业战略的大理想变为可以影响多数员工实际行动的制度，通过理想、激励、口号、培训、动员等诸多手段调动起大多数员工为新的战略目标努力的积极性和主动性。

一般而言，企业家会选择培训和动员会，通过一次集体的宣讲，向员工们灌输新的思想和观念，并确定新的口号和概念，消除不利于战略实施的所有旧观念和旧思想，让员工们知道新的战略时代来临了，并且接受这种事实，调整状态，以全新的面貌迎接接下来的一系列的战略革新。

此外，这样的培训或者动员会的好处在于让员工们更进一步地了解战略的细节，打消各种疑虑。因为新的战略在没有进入实施阶段时，它往往是不被多数员工拥护和支持的。而战略的实施效果则是直接由员工的态度决定的。

在这样的一个场合上，领导层要向员工们讲清楚企业内外环境的变化给企业带来的机遇和挑战，以及旧的战略方针与现状发展的不吻合和各类弊病。最重要的是，要着重宣讲新的战略的各项优点，让员工们心中能够产生比较，从而认同新战略，以及实施新战略的必要性和迫切性，树立信心并打消疑虑，做好为实现新战略目标所带来的美好未来而努力奋斗。

在这样一个类似“洗脑”的过程中，领导者有一个不容忽视的步骤，那就是着重争取实施战略的关键执行人员的理解和支持，比如有威望的基层员工，重要部门的领导者，只有这些关键位置能够鼎力支持，才有可能让大多数人跟随上战略实施的脚步。

经历了以上几个步骤和要点后，可以说基本上就扫清了战略实施的早期障碍。

战略计划阶段

俗话说“磨刀不误砍柴工”，任何一个战略的妥善实施都离不开战略计划，有计划才能有完备的战略执行。

首先，管理者需要将战略分解成几个阶段，每个阶段都要设定一个本阶段的战略目标，并且设置相应阶段的政策措施、部门规划、应急预案，等等。领导层需要组建战略小组，并且根据企业实际情况制定阶段目标实现的时间表，对不同的分阶段目标进行统筹规划和全面安排。

并且，只有拥有这样一个战略计划小组，才能将各个阶段的衔接工作做好。需要注意的是，对于远期阶段的目标实施方针可以概括一些，但是对于近期阶段的目标实施方针要非常详细。因为只有这样才能在战略实施的第一阶段，即新战略和旧战略的更替阶段减少阻力和摩擦。

所以，领导者从第一阶段开始，进入每个新的阶段前都要将战略阶段的目标和计划进行具体化和操作化的落实，并且逐步制定出阶段目标、各部门策略、内部沟通方式等措施，让战略能够最大限度地具体化，变成各个部门可以直接操作具体业务的执行细案。

战略运作阶段

所谓战略运作，就是实现战略目标的日常行为，主要由六种元素组成：

各层领导者的基本素养和价值观念；

企业的组织机构；

企业文化与企业信仰；

有效资源的结构与调动分配计划；

体系内部沟通和体系外合作方沟通；

战略节奏管控和员工激励制度。

只有通过这六大元素的互相促进，才能让战略真正走入到企业的日常生产经营活动中去，成为制度化的日常工作内容，而不是喊口号式的装模作样。

战略的控制与评估阶段

任何战略都并非一成不变的，在战略的实施过程中，领导者往往能够发现很多与预期不一样的状况，比如员工的工作状态懈怠、合作单位对于新战略的抵制、市场波动带来的战略方向迁移，等等。这个时候，就要求管理者必须能够主动发起对战略执行过程的控制与评估，才能让战略适应环境的变化，从而完成战略任务。

同时，只有通过不断的评估才能建立起绩效监控和偏差核实等辅助工作，继而促成分阶段战略目标的实现。

战略实施的基本原则

总的来说，企业在战略实施的过程中，或多或少地都会遇到制定战略时未曾预估到或者不可能完全预估到的问题，所以，保持灵活、不改本质、结合实际就成为战略实施过程中的三大基本原则。

无论如何，战略实施都是一个注定漫长且艰辛的过程，但一切的考验和困难都是促成企业拥抱新战略，实现新目标的跳板。

打造独特的商业帝国

“从0到1”开始打造一个商业帝国实为不易。21世纪的中国，风云变幻，而在这场大国复兴的鸿篇巨制中，“商业兴国”的理念正逐步深入人心。有越来越多的企业用其自身行动诠释着这一理念。

在众多的片段中，有这样一些独特的片段，它们通过不同的方式构建自己的商业生态圈，构建属于自己的商业帝国：以阿里巴巴为代表的创新型商业生态圈，在自己的战略布局下不断创造新产品，各个产品之间又能相互联系；以分众为代表的整合型生态圈，通过并购，不断完善自己的生态圈，每个企业个体之间相互依存；以百丽为代表的进化型生态圈，通过自身发展不断完善产业链。

这三种生态圈特点不同，演进模式不尽相同，但都符合自身特点，这再一次验证了：在商业世界中，没有唯一正确的模式，只有适合自己的才是最好的。在众多的商业生态圈中，以阿里巴巴为代表的创新型商业生态圈，更是以其内生的创造力，不断推进商业生态圈的延伸和丰富。

当你在做商业规划的时候，会先写哪一块？维系利益相关者、创造价值、传递价值、获取价值，还有独特资源和竞争力，选哪个？创业过程中，商业模式的规划在一定意义上取决于你的资源，有资源的人和没资源的人规划商业模式的时候是完全不一样的。一个人身边有许多朋友和没有朋友，市场完全不一样。这个人平常爱交往，全国各地都有合作伙伴，招商速度相当快。没有全国各地的事业或者交往的资源，招商肯定慢。

所以，商业模式的规划在一定意义上就是资源的重组和叠加。我们把所有的积木分成很多部分，内部团队、外部团队、家族成员、重要伙伴、产业搭档。最重要的是要知道，这个企业在未来能在资本市场上获得收益。

成功是没有法则的，创业就是一个丛林，创业家的精神就是要有狼性。进入丛林以后看到哪有路就往哪钻，看到哪有水就往里跳。遇到困难，作为创业家，一定要把创业放在第一位，你的决策都要以创业为重要考量，就是说，这个事情对你所创的事业是否有帮助。因为你要考虑的事情有时候太多，所以要做一个创业家，必须要牺牲你自己的时间，把事业排在第一，其他很多东西就必须往后排。

创业者要花时间调整你公司的内部事务，加强与那些跟你一起创业的伙伴之间的沟通，因为这些创业伙伴是需要你来带领的，所以你要花更多时间去经营。你一定要了解市场的趋势，因为现在是信息时代，信息的传递速度非常快，你做什么东西别人也都会做。

同样一个项目，在北京能看到，在杭州能看到，在深圳能看到，在香港能看到，在日本能看到，甚至在美国、在欧洲也能看到，都类似，所以最重要的其实是你要对市场很了解，对你产品的市场有一个定位。

创业是靠你的精神，靠你对资源的掌握，靠你对时间的判断，靠你对市场的判断。凭什么你可以做得比别人好，因为你比别人优秀。

经典案例：

马云与阿里巴巴

1999 年 3 月，马云以 50 万元注册资本创办阿里巴巴，经过这么多年的发展，截至 2017 年 12 月，阿里巴巴市值 4000 多亿美元，成为中国互联网市值第一的企业，并已形成了阿里巴巴公司、淘宝网、支付宝、阿里软件、中国雅虎、阿里妈妈六个业务齐头并进的局面。同时，阿里巴巴集团旗下的阿里妈妈将与阿里巴巴集团的B2B、C2C、软件服务、在线支付，以及搜索引擎形成优势互补，初步完成了开放、协同、共荣的电子商务生态系统，并全面覆盖中小企业电子商务化的各大环节。在此期间，阿里巴巴虽然经历了互联网泡沫的破裂与非典的肆虐，竞争对手如猛虎般的进攻，但它依然屹立不倒，并不断壮大。

那么，阿里巴巴是如何在纷繁复杂的市场环境中，依靠自身的创新力量不断构建商业生态圈的呢？阿里巴巴之后能否克服不足和障碍，不断完善自己？阿里巴巴集团的成功又给中国的企业带来了什么样的启示？这些都值得反复思考、细细咀嚼。

战略愿景：提供生态圈构建原始动力

愿景就是公司要去哪里，要发展成什么样子。阿里巴巴的成功很好地证明了战略愿景的重要性，正确的战略是成功的一半。任何一个成功的企业都需要适合其自身发展的战略愿景和战略定位，很多大公司如沃尔玛、三星等都是这么做的。好的战略愿景，为企业形成恰当的企业文化和品牌理念的同时，还能为企业制定正确的发展战略、业务战略。对于阿里巴巴和马云来说，其宏大的战略愿景除了以上基本要素外，更为其构建创新型商业生态圈提供了原始动力。

马云说过，阿里巴巴要做102年，横跨三个世纪，所以阿里巴巴的每一次重大战略决策，都必须思考一个问题，就是做这个事情对十年以后有没有效果，如果对十年以后没有效果，这个事情就不做。纵观阿里巴巴的发展历程，脉络清晰，如同经过测算般精准：1999年公司成立；2000年获取2500万美元投资并大力发展；2003年投资1亿元推出网上交易平台淘宝网；同年10月进军电子商务领域创建支付宝；2005年8月，兼并中国雅虎所有资产，进军搜索领域；2007年1月，进军管理软件领域成立阿里软件；2007年11月，阿里巴巴B2B业务成功在香港上市，创下中国互联网公司融资规模之最，融资达到15亿元；2008年6月，借助阿里妈妈进军网络广告服务。短短几年时间已经完成了战略布局。

夯实基础：创新文化＋顾客视角

对于任何一个成功的企业来说，将品牌核心理念内化，可以为企业内部创新机制和文化，为企业提供源源不断的精神能量；同时充分把握顾客价值和外部市场，时刻以顾客视角为中心，内外兼修，能为企业打造创新型商业生态圈夯实基础。

阿里巴巴坚持“顾客至上、服务第一”的品牌核心理念，并将这一理念深化到企业内部，渗透到公司日常工作的每个环节。品牌内化策略使阿里巴巴形成员工踏实肯干的工作作风，并为阿里巴巴打造创新型商业生态圈发挥出强有力的作用。如果说阿里巴巴战略布局的形成发挥了至关重要的作用，那么内部创新文化和机制最直接影响的就是内部全员创新。比如，在阿里巴巴工作了 5 年的李治国充分汲取了公司内部创新文化后创建了口碑网；而支付宝目前的团购支付功能就是支付宝的一个普通员工创立并发起的。由此，可见阿里巴巴创新文化的巨大作用。

而阿里巴巴品牌内化策略的一种外在展示就是以顾客为中心，用顾客的视角，为其提供最大化的服务价值和产品价值。这就不断促使阿里巴巴在围绕顾客需求构建自己商业生态圈的同时推陈出新，最大化满足顾客需求，提供顾客价值最大化。阿里巴巴在无声无息中完成了战略布局，将竞争对手远远甩在了身后。

拥有如此坚实的基础保障，阿里巴巴成功切入市场，沿着正确发展路径，整合资源，实现了创新型商业生态圈的完美布局。

切入点精准：双向战略实现生态圈产业链协同

阿里巴巴在战略愿景、顾客视角、创新文化共同作用的基础上，拥有了构建商业生态圈的基础，而最终影响商业生态圈布局的关键因素，则是精准找到市场的切入点，为其构建商业生态圈奠定良好基点。

阿里巴巴始终不忘研究当前的市场环境与需求，从信息流做起，以中小企业而不是大企业为切入点，进军电子商务领域，为广大中小企业提供免费的供求信息。在聚集了大量的供求信息和人气后，阿里巴巴找到了属于自己的盈利模式，它把握住了国际贸易的良好趋势顺势而为，一方面向全球买家展示中国企业，另一方面向中国企业提供国际买家，并向中国供应商会员收取一定的会员费。

在获得了初步发展后，阿里巴巴准确把握住了电子商务发展的关键环节——诚信问题。为了降低诚信问题导致的交易风险和交易成本，阿里巴巴创造性地推出诚信通服务，从五个方面评价信用。网商付费购买诚信通服务，这样就为阿里巴巴打造了另一条盈利之路，为阿里巴巴的发展提供了资金支持。

综上所述，阿里巴巴以中小企业为目标群体，准确把握住外在市场环境，找到了盈利模式，使得阿里巴巴具备了良好的坐标点和发展动力。阿里巴巴正是在精确切入点的基础上，实现了创新型商业生态圈的构建。

经典案例：

刘强东与京东商城

京东商城是继淘宝网之后又一个成功的B2C电子商务平台。十多年来，京东已从最初中关村的一个小柜台，成功跻身全球前十大互联网公司之列。通过独特的商业模式创新，京东打造了属于自己的商业帝国。

电子商务相比地面终端零售业的核心竞争力是前者比后者的经营成本低，能够把利润让给消费者，前提是，必须减少消费者的购买风险。通俗地说，就是如何让消费者在网络这个“不见人又不见货”的虚拟世界里相信这一切都是真的。京东商城巧妙借用第三方来实现这一功能，从而免去了消费者的后顾之忧。

1998年，24岁的刘强东带着工作两年积攒下来的12 000元，在中关村租下一个4平方米的摊位，开始了一个人的创业之旅。“京东多媒体”（京东的前身）主要卖刻录机、刻录光盘等产品。虽然当时中关村假货泛滥，但刘强东并不随波逐流，坚决不做假货、山寨货，老老实实地卖正品，并始终按照一个较低利润的价格卖。

为了满足消费者的购买需求，京东把自己定位为“网络版”的国美苏宁，参照国美、苏宁的卖场来分布自己的商品结构。京东想让用户在国美、苏宁看到的产品几乎都可以在京东商城里买到，价格还得更优惠，那么在同等质量的售后服务下，顾客一定会选择京东商城。2004年京东开始转做电商，从卖数码产品开始，后来发展成为国内最大的自营电商平台。诸如农村电商、金融等更多领域亦成为京东当下布局的重点。

那么，同样是商城或网店销售，京东商城又有什么样的优势呢？相比其他不出名的小商城，京东一步到位借用了国美与苏宁的模式，巧妙地把它们当成自己的地面体验店，但是相同的产品，相同的服务，京东商城有着更优惠的价格，它就是这样站在巨人的肩膀上获得成功的。

刘强东认为，中国电商未来的出路，包括中国经济未来的出路，唯有走品质化、品牌化的道路。“让人高兴的现象是2012年开始这种情况有所改变，我们当时第一次做中国消费者调查的时候，发现价格不再是大家在网上购物最重要考虑的一点，而是降到了第三，最重要的是品质，服务排在第二位，价格排名第三。”刘强东说。

现如今的京东已经把金融视为当前的一大业务重心。作为京东未来投资的一大方向，刘强东表示，金融集团“将来要成为几千亿市值的公司”。“做了很多年生意，我们也大量投资，我们发现除了极个别超级大型公司可以得到大量的银行贷款，中小供货商从银行拿贷款很难、都缺资金，所以我们搞了供应链金融。合作伙伴通过京东商城网站，从申请贷款到收到我们的资金只需要三分钟，三分钟之内发到合作伙伴账户上去。”

第七章

突破顶层设计

第八章

晋升企业导师

创业分享：一流的企业家做一流的企业，二流的企业家做二流的企业，看你的企业能做到几流，只需要看你是几流的企业经营者。

——严兆海

什么叫顶层设计

顶层设计是运用系统论的方法，从全局的角度，对某项任务或者某个项目的各方面、各层次、各要素进行统筹规划，以集中有效资源，高效快捷地实现目标。

“顶层设计”现已成为一个被各行各业广泛使用的名词，大家对其概念的理解也略有不同。

顶层设计的主要特征如下：

第一，顶层决定性。顶层设计是自高端向低端展开的设计方法，核心理念与目标都源自顶层，因此是由顶层决定底层，高端决定低端；第二，整体关联性。顶层设计强调设计对象的内部要素之间围绕核心理念和顶层目标所形成的关联、匹配与有机衔接。第三，实际可操作性。顶层设计的基本要求是表述简洁明确，设计成果需要具备实践可行性。因此，顶层设计的成果应该是可实施、可操作的。

在建筑学的概念里，顶层设计就是一个总体规划的具体化。如果只是有规划，而缺乏具体的实现手段，那么，在总体规划之下极有可能会造成各自为政、分兵把口的局面，进而造成资源难以共享，信息难以互联互通的后果。

从开发商的角度来看，如果要建一幢六层的楼房，开发商一般都会把第六层和阁楼连成一体，变成两层的复式楼，或是买六楼送阁楼，或是打折购买阁楼。这样一来开发商就可以多卖一层房了。这是从开发商的角度谈顶层设计。

例如，要完成某一项大工程，就要实现理念一致、功能协调、结构统一、资源共享、部件标准化等，要从全局视角出发，对项目的各个层次、各个要素进行统筹考虑。第二次世界大战前后，“顶层设计”这一工程学上的概念被西方国家广泛应用于军事与社会管理领域，成为政府统筹内外政策和制定国家发展战略的重要思维方法。

如今，在企业里，企业领导者也都强调要做顶层设计。

突破顶层设计的能力

迅速变化的经济和产业环境，使得每一个人都感受到了巨大的压力，人们没有想到，像诺基亚这样的巨型公司也会轰然倒下，因此，中小企业在快速变化的市场环境中，更是有朝不保夕的危机感。互联网尤其是移动互联网摧枯拉朽般的行业扫荡，让所有人都感觉到岌岌可危，而如雾里看花般的全球经济变化，又让参与其中的人不知如何才能找到新的方向。

如果说在上一个时代，企业家还可以用一招鲜吃遍天，或者用远大理想和愿景去感召团队，来获得早期成功的话，那么在今天，面对快速变化的形势和环境，强调企业的系统设计，也就是通常我们所讲的顶层设计，就显得尤为重要了。尤其在当今快速转型的时代，顶层设计俨然已成为能够让企业取得成功的关键所在。

那么，在如今这个时代，企业的顶层设计都包含哪些内容？根据以往我们为企业提供的咨询服务的经验和实践来看，顶层设计有五大要素非常关键。如果能够把握好这五大要素和这些要素之间的关联，我们就可以从全局视角看到企业未来发展所必需的管理基础，并且在要素匹配上进行系统的设计和资源的协调。

领导力转型是根本

成功的领导者造就成功的企业，当然，这其中少不了领导者率领的强大团队。而失败的企业则几乎无一例外都是因为在关键时刻，领导者不能够发挥关键的引领作用，或者领导者的才干用错了地方，最终导致失败。

企业转型，从根本上来讲就是人的转型，是领导者观念的转型。在这其中，有几项非常关键的领导者特质是必须要重塑的。这些特质包括拥抱变革的开放性思维、创新创业的精神、强大的学习能力、果断的行动，以及为获得事业的成功所具有的坚忍的意志和持久的热情，以及将这一热情和意志传导给团队的那种卓越的沟通能力。

有人会认为，这是一个全能型领导者所必须具备的领导力素质吧？没错。如果能够具备以上这样的领导力特质，我们会很有信心，即使在变化的时代，在变化的环境中，依然能够获得成功；如果没有这样的领导力特质，我们就要谨慎地问问自己，我们要凭借什么带领我们的团队、带领我们的企业走向新的未来？

作为顶层设计的第一个环节，企业要能够重新识别和思考，如何获得新的领导能力，并且在企业层面上去培养更多优秀的领导者。仅仅凭借个人力量就能够包打天下的时代已经一去不复返了，今天我们看到很多企业轰然倒下，或者很多企业在苦苦挣扎，其根源就在于整体领导力的缺失。但是令人遗憾的是，很多人虽然意识到了这一点，却还没有找到正确的解决方法和可行的措施。

从企业层面持续创新

顶层设计的第二个要素，是企业级的持续创新。很多优秀的领导者可以为企业描绘出宏伟愿景，也能够让企业充满创新活力，因为他们本身就是创新的原动力。但是，处于不同发展阶段的企业所要采取的创新方式肯定是不一样的，而且这些不一样的方式也需要在团队的不同层面持续地展开。

灵光一闪式的短暂创新，或者某个领导者个人的创新推动，能够让企业赢得一时，但要想赢得长久，企业必须使这种创新的能力系统化、制度化，创新的过程也要变得流程化和可持续化。

所以，我们要具备一双慧眼，善于区分在什么时候企业应该专注于破坏式的创新，在什么时候企业应该进行持续稳定的微创新。

当行业发生大面积破坏式变革的时候，就如同信息产业在过去几十年中，以每十年为一个周期所经历的变化那样。我们的企业必须赶在别的企业前面做出突破性创新，甚至是颠覆行业规则的创新，如果没有行动，没有变化，那么北电网络的悲剧、摩托罗拉的衰亡、诺基亚的黯然谢幕，都将在每一个企业身上重复上演。

对于很多传统型企业而言，行业变革的步伐和节奏并没有那么快，敏感地监控行业何时可能发生破坏式的变化，将是更加明智的举措。举例来说，对于目前的医疗影像行业来说，下一个破坏式创新有可能就是基因诊断技术，当通过基因诊断可以迅速测出病人疾病的时候，哪家医院还需要昂贵的影像诊疗设备呢？

在没有发生大规模破坏式创新之前，企业仍然可以通过对原有产品的持续优化获得持续的竞争能力，洞察客户需求。不断开发出在价值上有差异的产品，这是企业制胜的王道。

在今天的中国企业界，移动互联网的焦虑之风刚刚刮过，过去的一段时间里，很多企业家听到“移动互联网”这几个字，便难以入眠，甚至惶惶不可终日，以为产业的颠覆时期已经到来。放眼未来，第三次工业革命的确正在发生，而互联网技术将是第三次工业革命的暴风眼。但是每一个产业被颠覆的速度、节奏和烈度是不同的。

洞察先机，进而恰当地设定自身的创新节奏和创新步伐，避免自乱阵脚，慌张失措，这是每一个企业领导在进行企业的顶层设计时必须要非常明确地考虑清楚的事情，否则在互联网狂飙突进的时代，不仅会影响企业当前的正常运营，那些不成熟的设计思想和浮躁的风气，还可能真的毁了企业的日常创新。

创新商业模式

对于转型时期的企业顶层设计来说，有两个非常关键的驱动因素，即领导力和创新，这关系到企业商业模式的创新和运营模式的再造，这两个因素是企业顶层设计的核心和要害所在。

商业模式能使企业在变化的时代和环境中，进行新价值的塑造，从而使企业创造出新的独特价值。运营模式作为商业模式具体实施的承载，又是企业进行效率优化的核心，而且永远都是企业获得持续竞争能力的关键因素。

企业战略战术的制定能力

“不谋全局者，不足以谋一域；不谋万世者，不足以谋一时。”这是古人的话。这里所说的“谋全局”和“谋万世”就是战略。而我们平常所说的三十六计，讲的则是战术。

企业里，很多问题因为表现在一个个的执行层面上，就让大家误认为最终的失败是执行层面的问题。其实不然，这是整个大背景、大环境的问题，也是战略和战术的问题。

重视战略、战术和执行

“工欲善其事，必先利其器。”企业必须首先加强自身的底蕴和修养，才能逐渐认识到讲究战略、战术和执行的重要性。

企业怎么做战略、战术和执行？企业要先了解自己，然后改变自己，最后才能改变自己的命运。

在制定战略前，企业要先梳理自身具备的能力、资源，以及所处的环境，然后确认适合企业发展的领域和行业。再决定应该选用什么样的产品去开疆拓土，打开市场。企业应制定一脉相承、紧密相连的短期、中期和长期目标，这些目标最终将构成战略。企业内部还要搭建好平台，要在平台上部署合适的战术，从而让整个公司的经营、业务、决策紧密相连。企业在不同的阶段应该采用不同的战术打法。

IPO上市之路

所谓IPO指的是一家企业或股份有限公司第一次将它的股份向公众出售。其具体销售办法是按照证监会出具的招股书或登记声明中约定的条款，交由经纪商或做市商进行公开销售。

一般而言，IPO分为以下几个环节。

估值

企业的估值决定了企业的理论价值，给了最终股票发行价格指导意见。决定估值的因素有很多，包括不同行业的属性、成长性、财务特性，等等。一般来说，我们会用两大类模型去进行企业的估值。

第一，收益折现法模型。

即通过合理的方式估计出上市公司未来的经营状况，并选择当前最恰当的贴现率与贴现模型，从而计算出上市公司价值。一般估值人员常用的模型为股利折现模型（DDM）和现金流贴现（DCF）模型。这两类模型都不复杂，关键在于是否能够准确地确定公司未来的现金流和折现率等能够体现承销商专业价值的因素。

第二，类比法模型。

即通过选择同类上市公司的一些比率，如最常用的市盈率和市净率，然后结合新上市公司的关键财务指标，如每股收益、每股净资产等来确定股票的总价值，从而测算出上市公司的价值。这是一种偏向于预测的估值指标。

值得一提的是，通过市盈率来估值的办法往往有很多局限性，比如在这种模型下对上市公司的业绩的稳定性有强制要求，不能出现亏损状况。如果用市净率来做估值的话，虽然没有前面这些限制，却依然有其缺陷，主要表现在过分依赖公司账面价值而不是最新的市场价值。因此，一般选择通过市净率去测算估值的都是流动资产比例高的诸如银行、保险公司等。

比方说，中国建设银行在IPO时，其招股书中确定的定价区间为 1.9 港元至 2.4 港元，发行后每股净资产约为 1.09 港元至 1.15 港元，那么其市净率则为 1.74 至 2.09 倍。

当然了，除了市盈率和市净率以外，我们还可以通过销售收入、市值、现金流等指标来进行估值。

无论用何种方式，最终都要确定发行价格，然后再选择合适的发行方式，以充分认购。

上市审核

IPO的审核工作非常重要，其流程分为受理、见面会、问核、反馈会、预先披露、初审会、发审会、封卷、会后事项、核准发行等。审核机构一般会让不同的部门来负责各个环节的审核工作，既相互配合，也是相互制约。对于最终审核的敲定还将进行集体大会的讨论，杜绝“一言堂”导致的审核失误。

在具体审核环节上，企业管理者需要注意以下几个环节：

第一，材料受理、分发环节。主要是按照监管部门的要求，提供准确的申请文件。

第二，见面会环节。主要是公司IPO负责人员和发行监管部门的初步沟通，并建立起相关机制，保障在IPO各环节的沟通顺畅。

第三，审核环节。主要是审核机构督促保荐机构和保荐代表人对上市公司的相关信息做好尽职调查。

第四，反馈会环节。主要是审核机构的人员从非财务和财务两个角度撰写审核报告，提交反馈会讨论。会议上则就初步审核中关注的主要问题进行讨论，敲定需要发行人补充披露、解释说明，以及中介机构进一步核查落实的问题，以确保审核过程没有任何遗漏，以及审核信息的公开透明。

第五，预先披露环节。主要是将之前反馈会环节形成的意见进行落实，并将有关问题阐述的漏洞进行修正。然后将最终确定的上市相关材料进行预先披露，最终进入到初审阶段。

第六，初审会环节。主要是由审核人员汇报发行人的基本情况、初步审核中发现的主要问题及其落实情况。

第七，发审会环节。主要是以投票方式对首发申请进行表决，提出审核意见。每次会议由7名委员参会，独立进行表决，同意票数达到5票为通过。

第八，封卷环节。主要是在发行人的首发申请通过发审会审核后，进行相关资料的封卷工作，即将申请文件原件重新归类后存档备查。

第九，会后事项环节。主要是指IPO的首发申请通过发审会审核后，在招股说明书正式刊登之前，凡是可能影响本次发行，以及对投资者做出投资决策有重大影响的事情要予以披露。杜绝发行过程中任何因信息不公开而导致的投资人的错误投资行为，这也是为市场发展做出的考虑。

第十，核准发行环节。主要是在封卷并履行内部程序后，将进行核准批文的下发工作。

走完以上十个环节后，基本上IPO的审核环节就算完成了。这也是IPO之路中最艰难、漫长的一段时间，多数企业都在这一环节遭遇到了前期未曾预料到的问题，导致IPO失败。

总的来说，中国的IPO已经过了井喷阶段，大多数进行首次公开募股的公司在踏入证券交易所之前已经拥有了丰厚的盈余，IPO更多是为了快速扩张规模和提高企业竞争力。

在当前的经济形势下，企业进行IPO除了从实际需求出发外，还要充分考虑到时机。例如，前几年的互联网泡沫崩塌，造成了成批的互联网企业IPO失败，现在的高科技泡沫期间同样存在这样的隐患。还有就是，企业管理者要认识到本企业是否适合走公开上市这条路，企业是否拥有好的发展前景，是否能够提供符合市场需求的有所创新的产品或服务，是否符合严格的财务方面的要求。只有将这些因素都考虑到，才能保证IPO的顺利进行，以及企业有能力处理IPO之路上遇到的各项难题。

经典案例：

迅速成长的小米

说到小米不得不提雷军，1969年出生的他如今有着多重身份——小米科技创始人、董事长兼首席执行官，金山软件公司董事长，以及中国大陆著名天使投资人。

1987年就考进武汉大学计算机系的雷军仅用两年时间，就修完了所有学分并完成了大学的毕业设计。毕业两年后，雷军便联合学校风云人物一起走向了创业的道路。

雷军非常注重实践，年轻的他一直在武汉电子一条街摸爬滚打，甚至免费给电脑老板打工，由于技术过硬，深受老板喜爱。两年下来，雷军和各家电脑公司的老板混熟了，成为当时武汉电子一条街上甚有名气的人物。这些经历对于雷军后来加入金山公司有巨大帮助。

创建最牛的IT公司

2012年雷军在获得“中关村十大年度人物”时表示：“1992年我就开始在中关村创业，20年过去了，我觉得我作为一个经历者感受到了中关村作为创新之都的魅力，也感受到了20多年中关村发生的翻天覆地的变化。”

后来，他加入金山软件，在中关村开始了为梦想奋斗之路。

9年后，38岁的雷军将金山软件带入资本市场，先后投资了十几家公司，年轻的他拥有超过3亿元身家。这时的雷军已经实现了大多数人眼里的目标，但他没有停步。2010年，40岁的雷军又开始了二次创业，这次他的选择是智能手机领域。

“我从来没做过手机，也不了解手机行业的规律。我只做了一件事情，就是把手机当电脑来做。”雷军认为每一部手机就是一台电脑，而这样的想法正好是智能机最核心的思想。正因为他这种将手机当作电脑来做的想法，在公司成立的第四个月，小米发布了第一个产品：MIUI手机操作系统。之后小米手机开始被世人所熟悉，并在整个行业引起了巨大反响。

以客户需求为原动力

小米始终根据用户意见每周进行更新，这与中外巨头闭门做研发的惯例是完全不同的。

记得之前有一个外地用户因停电被困在黑暗的电梯里，身边却没有手电筒。之后这个用户通过小米社交工具“米聊”，向雷军建议开发手电筒功能。于是，雷军立刻行动，在下一个周五推出的MIUI新版本中，最常用的Home键里，添加了手机手电筒的功能。实用又独有的小功能，为小米赢得了一大批忠实用户。

雷军的手机通讯录里，有1000多名小米粉丝的电话。“有很多人超级喜欢我们小米，我们把他们称之为米粉，我经常接到微博私信，有很多的米粉到小米公司送各种各样的礼物，每天都会有各地的米粉给我们送礼物。我收到的最珍贵的礼物是一个米粉用小米粘了一部小米手机模型，还有一个讲他是怎么完成这个模型的视频，我想这需要对小米有怎么样的感情才能做出这样的礼物？”为什么如此受到用户信赖？雷军说：“我认为这是因为我们把很多事情想得很简单，我们每天只思考两个问题，第一个问题：我们是不是竭尽全力把产品做好，我们还有多少事情没有做好？第二个问题：我们做的所有的东西用户是不是真的满意？”

正是以客户需求为原动力，才为小米赢得了巨大的市场份额。

成功源于 80% 的运气

“小时候我们听到的是成功是 99% 的汗水 +1% 的运气，但有时后面 1% 的运气远远超过了 99% 的汗水。”雷军说：“我个人认为，团队的努力是成功的必要前提，除此之外还需要天时地利，小米开始做智能手机的时候，正赶上我国手机市场一场轰轰烈烈的换代浪潮，智能手机逐步成为主流。我们赶上了这股潮流，占到了天时，这也是促使小米成功的最大原因。”

雷军觉得小米创造成绩的背后有着 80% 靠的是运气。地利，无疑指的是中关村的大环境。雷军表示：“中关村汇聚了无数的人才，小米初期也是站在巨人的肩膀上往前走，我们在办小米的时候，很容易地就汇聚了像摩托罗拉、谷歌等很多大公司的精英。而中关村在过去这些年的努力下，拥有了良好的投资环境。小米干的事情，一部分在于人才，一部分在于资金，没有资金是做不成的，离开金融支持，做这么大的事情是不可能的。正是成长于中关村，才让小米走到了今天。”

允许创业者犯错

允许创业者犯错，是投资人对创业者的信任的体现。

创建小米后，雷军更加注重帮助年轻创业者，他说："今天我们都在讲要投资"90后"。小米和顺为基金都鼓励投资年轻人，30岁以下的年轻人。"

同时拥有天使投资人和40岁创业者双重身份的雷军更懂得创业的艰难。雷军表示"创业如跳悬崖，我40岁，还可以为我18岁的梦想再赌一回。"如果抱着必输的信念来创业，那就做一个创新的东西，正是这种心态让小米迅速获得成功。

经典案例：

罗永浩，特立独行的企业家

罗永浩，曾担任新东方英语教师，由于其语言犀利，上课时喜欢批判，或者说评论了很多生活中的现象，被学生偷录下来，传到了网上，他的这些言论一炮走红，这便是所谓的“老罗语录”的前生。

2006年，罗永浩放弃年薪50万的新东方教师的工作，之后他从事过几种行业：开网站，当作家，但都没成功。最终他决定自己办一家名叫“老罗和他的朋友们教育科技培训有限公司”的英语培训机构，简称老罗英语。

公司总共投资600万，经营第一年便亏损了300万。老罗和他的团队痛定思痛，经常开会研讨营销方案，以及广告创意。老罗经常在办公室熬夜，广泛阅读经商的书籍，努力研究消费者心理。随后，他陆续推出了“一元钱听8次课”“暑假住宿班住宿免费”等一系列成功的营销手段。

在与同行竞争的时候，老罗理想化主义的办学理念常常被人讥讽，老罗坦言自己也常有扛不住的时候，但他始终有各种稀奇古怪的理由来让自己坚持下去，比如说反复读几句名人的格言；在离自己家不到5分钟路程的新东方周围走几圈；或者将自己2009年演讲视频中的一句话反复看几遍……

坚持不懈，才能成就一番事业。不惑之年的教师罗永浩因不满新东方的监管体系，毅然辞职，自己创立“老罗英语”培训班。从第一年300多万的亏损，到后来同行的冷眼，网友的质疑，无休止的债务，让老罗几乎崩溃。可他并未放弃自己的梦想与事业，废寝忘食，绞尽脑汁地思索更好的招生方式。通过三年如一日的坚持，他的公司终于有了盈利，而他也在社会上有了一定的名气。

有人说“老罗英语”培训塑造了一个神话，它虽然只是一家很小的企业，却让员工都用上了Windows的正版操作系统，给他们五险一金的保障，并且月薪还是同行中最高的……如此的员工福利，企业还能实现盈利，确实是一个神话。可是老罗不这么认为，老罗觉得，他只是干了最平常普通的事情，并不值一提。《福布斯》杂志中文版对他评价道：“有些企业会引发人性中恶的一面，有的企业则引发人向善的一面，他选择了做后者。”

希望罗永浩的成功经历能树立起一个“不靠耍流氓赚钱”的企业典范，唤醒国内更多有良知的企业家。

第八章 晋升企业导师

第九章 拥抱创业合伙人时代

创业分享：仁者爱人，仁爱天下！企业家不是为自己而活，是为企业而活，为他人而活，为社会为活，他们被称为社会工作者！

——严兆海

晋级商业领袖

对于普通人而言，企业的管理者已经是商业上的成功者，但这并非是管理者最终的追求。一名睿智的企业管理者应该把自我定位成商业领袖的见习生，一切工作导向都以成为商业领袖，带领企业走向巅峰为主。所以，对企业管理者而言，思维上的转变往往比工作能力的些许提高更加重要，只有不断学习和模仿商业领袖的思维品质，才能提高企业管理者自身对商业的准确判断，对市场的极度敏感，以及对知识创新的不断渴望。

这不同于政治领袖或者宗教领袖，商业领袖可以代表企业家本人，也可以代表一个企业，甚至可以代表某个领域的所有企业。在全球化竞争形势越来越纷繁复杂的常态下，企业的兴衰更多地将决定于商业领袖到底做出了怎样的选择和变革。比如戴尔选择了直销模式给电脑销售模式带来的革新，IBM投入大量资金研发，决定了芯片行业的技术导向。

商业领袖们都是在竞争中创造的历史，他们的出类拔萃让更多人不但关注他们本身，也更加关注他们的企业，这对于企业形象和品牌力的提升，不言自明。

至于如何成为商业领袖，答案有很多，各类版本往往说得神乎其神，但真正能够诠释商业领袖成功之路的并非传奇的故事和趣闻，而是商业领袖们苦苦追寻并最终形成的思维和知识上的优势。也就是说，商业领袖之所以能称为领袖，是因为他们在多个方向的全面领先。

其中，以知识优势的碾压为主要表现形式。这种优势往往表现为管理知识和运用知识的综合能力。

简单说，就是思维能力大于工作能力，而思维品质则取决于知识创新。

知识的来源有很多种，经验、学习、效仿、论战、教训等，但这些都是旧的知识，商业领袖的高明之处在于能够利用这些旧知识去创造新的知识，并拿来解决企业面临的新问题。

这种工作区别于一般性的管理工作，并非利用旧知识去重复解决企业经营发展时遇到的老问题，而是通过重新构建企业的管理能级去达成新知识的融入，这包括：在战略决策层上的构建，以创新领导活动居多；在管理决策层上的构建，以协调组织活动居多；在执行决策层上的构建，以计划控制活动居多。

这些乍一听，似乎都是偏向于理论层面的变革，实际上都是因为有客观的需求，为适应市场变化导致的企业管理上对于理论知识的极度渴求，也就是说只有不断地创造新知识，通过知识优势的高度碾压，才能满足这些企业或者行业的需要，才能缔造商业领袖。

在中国，大凡是商业领袖，其创业历程不会脱离这四个阶段：

第一阶段：胆大心细，依托蛮力优势起步；

第二阶段：借势借力，依托政策优势成长；

第三阶段：迅速扩张，构筑规模优势壮大；

第四阶段：依托智力，用知识优势谋发展。

在知识经济盛行的今天，可以说所有商业领袖都在做一件事，就是将旧知识不断整合、提炼，转换成企业的核心竞争力，以谋求企业的长期稳定发展。

那么，我们该如何拥有商业领袖般的知识优势呢？一般来说，这种优势的积累是需要时间和训练的，分为 5 个角度：积累知识、整合知识、转移知识、共享知识、运用知识。

跟学生搞好学习一样，勤奋的目的不是为了让自己更充实，而是让知识的储备量提高，只有量的积累才能最终形成质的飞跃。当知识进入质变后，企业家就需要对这些知识进行整合，提炼出自己需要的，剔除那些无用的、过时的、有误的。因为在汲取营养的时候，我们并没有精力去判断知识的实际效果。

当完成了知识的整合之后，就需要进行知识的转移，因为很多知识都是跨行业的，甚至跨思维的。企业家需要对这些知识进行“接地气”的转移，套用到本企业的现状和行业的规律中去，进一步对知识的实际效果做出判断。

在这之后，就是共享知识。一个人无论怎样研究、如何勤奋，都不过是闭门造车，出门未必合辙。这就要求管理者需要在自己的圈子和行业的圈子中对知识进行不断共享和交换，一来听取别人意见，对知识进行萃取，二来吸收别人的经验，对知识进行美化。

最后，就是知识的运用。这决定了知识优势是否只是停留在理论层面，还是能够经受住实践的考验，也就是最终的大考，考得差了，那么一切都要推翻重来，考得好了，也要汲取前面学习中的经验教训，为下一次的知识学习和考试进行铺垫。

综上可见，商业领袖的进化是一个循序渐进的过程。尤其在中国社会，创造知识优势应该从知识积累开始。不断总结经验，不断生成属于自己的看法和理论，并且要有一个知识规划，按照这个框架去结合实际，才能最终进入运用阶段。

心智模式的修炼

心智，简单来说就是每个人看世界的思想蓝图。这取决于每个人独特的成长经历、家庭背景和教育背景。思维蓝图决定了人如何去判断事物、如何去做事情，以及在遇到不同境况时不同的情绪反应。

人的一生都在跟自己的情绪做斗争，情绪的好坏直接影响着个人的事业和家庭的氛围。因此，情绪的管理就成了人终其一生都需要修炼的功课。

于管理而言，包括了情绪的心智理所应当地成为管理者的必修课，甚至可以说情绪是管理者心智修炼的第一步。这其中包括管理者对自己的情绪管理和面对他人时的情绪管理。现如今，在心理学、NLP、教练技术等领域中，对于情绪管理的关注和革新越来越多。美国麻省理工学院斯隆管理学院资深教授彼得·圣吉就创立了“组织学习中心”，对一些国际知名企业，如微软、福特、杜邦等，进行创建学习型组织的辅导、咨询和策划。

彼得·圣吉还出版了著名的《第五项修炼》，帮助人们重建一种新的看问题的方式，从以往习惯性地看世界、看环境、看别人，转变成向里看、看自己、看自己的内心；从看局部，到看全局、看系统。进而能看到存在于内的缺憾，寻求到克服它们的可能。

彼得·圣吉认为，一名管理者，其自我心智的健康直接决定了团队和组织的成败。一般而言，这个过程要按照察觉、内求、突破、超越的次序去进行，最终形成一个心智修炼和行为的高速公路，让管理者如同适应呼吸和渴望氧气一样，非常自然和正常地去进行。

觉察能力

即从不同的维度了解自身内在和外在的力量。所谓内在即指我们有能力留意和认识自己的思维及内心感受。所谓外在是指我们能够透过自己的感官接受外界信息。

通常来说，这种内在和外在的察觉就像在我们日常的思维模式中植入了一个声音，一个可以随时引导我们，并且开阔我们的思维的声音，提醒我们对所遭遇的状况和生成的情绪能够有第一时间的觉察力和修正力。这样有觉察力的管理者，才可能成为一个能够管理好自我情绪的人，乃至成为一个随时能超越自我、否定自我的卓越的优秀领导人。

内求能力

管理者需要将心智专注于自己的事情上，不断检视自己的责任、沟通方式、修为、境界等，将关注外界事物的精力全部收回来，从外求转变成为内求，一切错误或困难都从自身出发找原因和出路，永远审视着自己，如凝视深渊般凝视自己的所作所为，每日反省、总结，这样就能促成一名管理者心智的转变。

突破局限

任何一名管理者的信念系统中，都不可避免地存在着一些成长过程中出现的烙印，这些看似不起眼的烙印往往会促成固有思维模式和行为模式的形成，并时刻影响着管理者的所作所为。

有些管理者敏锐地发现了这些问题，发现自己的事业或生活中总是会出现同样的问题，带来同样的困扰。这个时候就要凭借觉察力去判断问题的根源是现实状况的客观原因影响，还是因为成长烙印的作祟。这实际上也是一次打破原先根深蒂固的负面影响的好机会，把握住就可以令管理者破除固有的信念限制，从此不再被成长烙印或固有模式所困。当然了，这种突破对管理者的心智是一次极大的考验，其过程就像一次痛苦的蜕变，只有狠下决心改变自我的人才能体会其中的美好。

超越“小我”

每个人都存在自己的“小我”，一种自私、贪婪、骄傲的情绪状态，它会不停地干扰管理者的修炼。同样，每个人也存在“大我”，一种伟大、克制、谦虚的情绪状态。任何一种心智修炼都必须经历超越“小我”，实现“大我”的过程。这是一个从不知不觉到后知后觉，然后再到当知当觉的艰辛旅途。这也是一条从觉察“小我”开始，直到管理生涯结束的漫长旅途。它的最终形态应该是管理者不断超越“小我”、超越限制性信念和思维自动化模式。

任命企业的形象代表

企业形象一般包括企业的各类标志，如产品特点、行销策略、人员风格，等等。消费者对这一系列标志的整体感官就形成了对企业的总体印象。可以说，企业形象是企业精神文化的外在表现，社会公众只有通过它才能对企业的文化和信仰有所了解和认同。

至于企业形象能否真实反映企业的精神文化，以及这种企业形象能否得到社会各界和公众舆论的接纳和喜爱，全部取决于以管理者为代表的企业自身的主观努力程度。

对于外界而言，尤其是投资者，通过一个公司的形象代表，可以洞察该企业文化的系统概貌和整体水平，可以评估该企业在市场竞争中的真正实力如何。而作为企业，它的良好形象应当表现在环境形象、产品形象、员工形象这三个方面。

关于企业形象的相关内容，其实并不是什么新鲜事物。但是它自诞生起，到今时今日的莫大影响，并不是一蹴而就的，仍旧有很多企业忽视这方面的努力，尤其是在观念方面的改变。只有在观念上认同企业形象的重要性，才能推动企业形象的升华。

比如说，很多企业都提出了本企业的口号来反映企业的理念，但这些口号多数都比较官方化，例如“一切为了服务”“顾客就是上帝”等，并不能引起外界共鸣，甚至不能让员工得到任何激励，口号就成了一句空话。

好的口号应该能够显示企业的目标、使命、经营观念和行动准则，并通过口号鼓励全体员工树立企业良好形象。比如诺基亚的“科技以人为本”、李宁的“一切皆有可能”、雪碧的“服从你的渴望”等，非常贴合企业本身的业态和文化。还有诸如海尔集团的“日事日毕、日清日高”和“有缺陷的产品就是废品”、三洋制冷有限公司的“创造无止境的改善”等，这些对内的口号更加说明了企业形象既是对外的，也是对内的。

实践证明，西装革履的打扮相比裤衩拖鞋的穿法更加显得精神和专业。管理者希望培养和弘扬企业精神，这是塑造企业良好形象的一种极为有效的形式，对企业的发展能起到不可低估的作用。

不过，千万不要以为培育企业精神是一件单纯的事，现代企业的运作本身就是一件极为复杂的事，它涉及企业的制度建设、经营管理目标，这种非常细致的思想方面的工作，可以直接产生企业发展的精神动力。

企业环境

企业环境代表了企业领导和员工的文化素质，是企业经营管理水平的一个重要指标，直接影响企业的社会形象。同时，企业环境也是企业文化的最基本反映。因为企业是员工赖以劳动和生活的地方，企业有义务和责任去建设起能够保障员工劳动和生活的基础设施，使得员工能够合理、安全地进行劳动和生活，这样才能让员工安心地为企业服务和奉献，外界才能对这样善待员工的企业产生好感。

这也是谷歌连续多年蝉联最受欢迎的雇主企业的原因。谷歌经常会组织员工举行派对，以及户外活动，例如野餐、滑雪、参观图书馆和文化博物馆等。而在谷歌的园区内，也有各种体育设施，例如保龄球馆、健身房、排球场等，甚至还有室内攀岩，你会经常看到有员工在这里锻炼，进行活动，而不是仅仅作为摆设。此外，员工还可以参加按摩，听音乐课，还可以带宠物上班。

具体而言，企业在建设环境时，要充分考虑到如何营造富有人情味的工作氛围。无论是厂区、生活区、办公设施、生产车间、产品、现场管理，还是生产服务，都是环境的组成部分。企业管理者要精心设计厂区的布局，严格管理厂区环境和秩序，安排专门的人员或团队进行相关维护和升级作业，不断地追求更高更好的环境标准。

产品形象

产品形象是企业形象的综合体现，也是一个最佳的对外宣传。因为多数消费者或媒体，对企业的最直接接触就是产品，产品也是企业形象传导给外界的最广面。能够对企业形象形成正面影响的产品必然是优质的、能够为社会带来效益的产品。首先，它是绿色健康的；其次，它是能够改善人们的生活品质的；最后，它应该是有趣、有内涵的。

当然了，产品的质量也很重要。日本车为什么在全世界范围内拥趸众多？为什么同等价格、更低配置的丰田车可以卖出更高的销量？最大的亮点就是质量。产品质量在很大程度上决定了消费者对产品的好感和二次购买的概率，这也是“中国制造”需要向其学习的方面。如果你的企业生产的是廉价的、劣质的产品，无论目前它们有多受欢迎，都一定要进行升级和淘汰，改善产品的质量，才能长久保持产品销量，赢得口碑和名望。

所以，产品形象的提升需要纳入到企业的质量管理体系当中，要在企业上下形成“人人重视产品形象，人人严把产品质量关”的风气。

未来的市场一定是竞争愈发激烈的市场，良币必然驱逐劣币，消费者也会越来越理性，品质差的东西一定会被归类到劣品里去。生产这种产品的企业也必然会被淘汰，无论当前它们有多红火。

员工形象

员工形象是一个容易被忽视的企业形象因素，它具有两重含义。一层含义指的是员工的精神层面，主要体现在理想、道德、文化和纪律方面。

这需要企业建立起合理向上的企业文化来引导员工，比如，以销售为主导的企业文化下，员工往往拥有狼性特质，因为销售的残酷性决定了员工要非常注重个人成绩和团队协作；以客户关怀为主导的企业文化下，员工往往如春天般温暖，时刻都会为客户着想，一切都是为了更好的客户体验而努力。企业管理者要做的就是结合本企业的特点和行业的发展趋势，提炼合理的企业文化，并通过文化、制度等引导员工精神层面的素质提升。

员工形象的第二层含义指的是员工的外在形象，主要体现在着装、行为、谈吐方面。

这是较难处理，同时又较容易处理的方面：容易在于，企业可以进行硬性规定，强迫员工遵守一些条款，以此来塑造个人的外在形象；难点在于，员工能够真正保持这种形象多久，能否在对外时始终如一地保持下去。这就要求企业要不断对员工进行培训，并且给予员工必要的帮助，比如服装、更衣间、淋浴间、礼仪培训师，等等。员工在正确理论的引导下，认识到个人形象对企业、对自身的重要性，并且在周边环境的影响下，在积极分子的带领下，自然对个人形象会愈发注重起来。

在消费者日趋追求多样化、个性化的今天，企业形象和品牌已经成为市场竞争中的重要砝码，企业形象和产品形象对消费者的冲击力日益彰显。塑造良好的企业形象，用以增加企业凝聚力和竞争力，已成为推动企业发展的一种动力。

在市场竞争日益激烈的新形势下，同行业的企业激增，竞争更加体现在“高、精、尖”领域。如果企业要在竞争中取胜，除了拥有质优价廉的商品和高超的技术外，更为关键的环节在于企业能否独具慧眼地塑造个性鲜明、信誉良好的企业形象。因为“酒香不怕巷子深”的年代早已成为历史。同一类商品琳琅满目，比比皆是，令消费者眼花缭乱。企业要赢得消费者青睐，必须独树一帜，突出个性化。

企业要在社会公众中树立良好的形象，首先要靠自己的内功——为社会提供优良的产品和服务；同时，还要靠企业的真实传播——通过各种宣传手段向公众介绍、宣传自己，让公众了解、熟知、加深印象。树立企业形象的任务，主要体现在企业的内在精神和外在形象这两个方面。

总之，企业形象的内容是全面的，它不仅仅是企业产品的形象，而且是企业总体文化的体现，涉及的因素较多。作为企业形象设计的公共关系部门，应充分考虑企业自身的特点，以及公众的心理需求、兴趣和习惯，进行科学的规划和设计，以确保企业形象既完美，同时又与众不同，独具一格。

展示模范的力量

组织行为学大师科里·帕特森在《关键责任》一书中有这样一句话：“我对动机的理解是，只要抓住对方的耳朵然后飞奔，他们的身体肯定会寸步不离。”显然，这是一个关于执行力驱动的问题，但绝大多数领导者都会误解这个“揪住耳朵”的真正含义。

当管理者面对员工对于命令与企业章程的消极、懈怠甚至抵触时，很多人会选择向更上级寻求更多的奖励资源或者惩罚的权力。如果已经是企业最高级别管理者，那么往往会选择通过演讲、开会等方式提升个人威严和震慑员工。但这样真的能够让员工去做管理者想让他们去做的或者说是他们应该做的事情吗？

其实，没有人会质疑执行力对于组织管理的关键作用有多大，但管理者还要搞清楚驱动执行力的关键是什么。

首先，你要弄清楚一个概念——“人人都是自私鬼”。

无论是企业还是个人，其失败的原因大多源自于不愿去做而非没有能力去做某些正确的事情。打个比方说，讲究卫生才能保持身体健康，依然有很多人怀着“不干不净，吃了没病”的想法在脏乱差但自己感觉口味好的餐馆吃饭；对投诉客户更耐心才能减少客户的不满情绪，但是很多客服会在处理投诉的过程中产生控制不住的不耐烦，和顾客发生争吵；任何人都明白只有认真学习、认真培训才能在考试或工作中取得好的成绩，但很多人还是因为缺乏努力学习、培训的动力而庸庸碌碌。

其次，你要弄清楚另外一个概念——“管理的办法很多，但不是万能的”。

无论是否做过管理者，大多数成年人都有过这样的体验或倾听过这样的告诫，那就是：吓唬和物质奖励，往往无法使小孩真正用心和持续去做他应该做的事情。而在孩子眼里，父母几乎拥有无限的惩罚和奖励权力与资源，父母也无疑是孩子眼里最具魅力和信任的人，但大多数父母仍然在抱怨孩子“不好管”。管理者无法拥有超越父母的权力和魅力。所以，管理的方式固然很重要，但并不能给你带来父母式的权威，也并不能说明你肯定能管理好员工。

最后，你还要弄清楚一个概念——“权力强迫不可靠，依靠暴力更不可取”。

一名员工如果在心灵或者意志上有突然的改变，那么一定是源于他对行为意义的深入理解和全新认识。管理者如果想赤裸裸地动用权力去命令别人，或者依靠暴力的呵斥去支配员工，很难让对方心悦诚服地配合，从而带来真正意义上的自发的、深远的行为驱动。

这个道理看似简单，但很多管理者都没有意识到。他们在工作中总喜欢滥用权力和暴力，以此作为激励他人行为的最佳手段。在使用这一手段时，他们从来不做过多解释，固执地认为这才是改变人们对现有结果认知的最简单的做法，即为他们设定的痛苦结果。这通常表现为，管理者会恐吓下属：“你要是不能按时完成这项工作，就收拾东西走人吧！”

当管理者迫不及待地采用强迫手段影响他人的行为时，员工会下意识地认为，管理者这样做是认为他们具有不好的行为动机，进而产生不被尊重的感觉。此外，这类做法还会传达出这样一个信号，即管理者只在乎自己的目标，毫不考虑员工的利益。换句话说，这种做法会破坏上下级之间的安全氛围。当安全感消失之后，员工马上会变得高度自我防御，最后表现为毫无原则地抵制管理者的所有命令。

其实，一切关于执行力驱动的问题都在管理者身上，而非员工身上。因为绝大多数企业的员工在素养、水平、性格、态度上都是相差无几的，差距往往体现在管理者的水平上。

《孙子兵法》云：“夫将者，国之辅也，辅周则国必强，辅隙则国必弱。”领导的艺术如何，决定着领导的水平高低，关系着发展的成效。不同的领导，其领导艺术不同；领导艺术不同，其领导的效果也有差异。

对员工而言，最好的领导是身先士卒的领导，他们是工作生活中的模范榜样，是帮助员工克服困难的第一助力，而不是高高在上，时不时耍耍威风的人。

榜样是一种无声的力量，它能影响人、改造人。俗话说：“喊破嗓子，不如做出样子。”员工对领导总是“听其言，观其行”的，其行善，其言才有力。

联想的创始人柳传志就是一位模范领导，他一直把“其身正，不令而行”这句话放在办公桌上，勉励自己。

在创业初期，很难招人的时候，柳传志说：“创业的时候，我没高报酬，我吸引谁？就凭着我多干，能力强，拿得少，来吸引住更多的志同道合的老同志。”

在企业走上正轨，面临着管理上的许多难题时，柳传志说：“要部下信你，还要有具体办法，通过实践证明你的办法是对的。我跟下级交往，事情怎么决定有三个原则：同事提出的想法，我自己想不清楚，在这种情况下，肯定按照人家的想法做；当我和同事都有看法，分不清谁对谁错，发生争执的时候，我采取的办法是，按你说的做，但是，我要把我的忠告告诉你，最后要找后账，成与否要有个总结。你做对了，表扬你，承认你对，我再反思我当初为什么要那么做。你做错了，你得给我说明白，当初为什么不按我说的做，我的话，你为什么不认真考虑；第三种情况是，当我把事想清楚了，我就坚决地按照我想的做。”

柳传志不是嘴上说说，而是切实执行了他所说的话。联想有这样一条规定，20 人以上参与的会议若是迟到了要罚站一分钟。这项规定对于注重颜面的成年人来说可以说非常严肃了。不巧的是，这项规定执行的第一个被罚者就是柳传志原来的老领导。这下让柳传志和这位老领导都感到尴尬了，但政策就是政策，必须得执行。罚站的时候老领导十分紧张，一身是汗，柳传志坐在旁边也一身是汗。他悄悄地对老领导说：“您老先在这站一分钟，今天晚上我到您家给您站十分钟。”而柳传志本人也被罚过三次，其中有一次是他被困在电梯里，咚咚地敲电梯门希望有人能听到，帮他请个假，敲了半天也找不到人，后来他从电梯出来了，没做任何解释还是自觉地罚了站。

这就是柳传志，要求别人做的，首先自己做到；禁止别人做的，自己坚决不做。正是如此，他才真正地发挥出了身为一名领导的影响力。在柳传志的带领下，联想公司由20万元起家，发展成为今天有庞大资产的大型集团公司，成为中国电子工业的龙头企业。这和他处处以身作则，身先士卒的模范作用有着必然的联系。

著名管理学家帕瑞克曾说：“除非你能管理‘自我’，否则你不能管理任何人或任何东西。”模范不是挂在嘴边，要做到成为员工眼中的模范，才能要求员工向模范学习，组织才能充满活力，氛围才能积极向上，事业才能得到多方支持。

经典案例：

Supercell，用乐趣创造财富

也许你没听过这家公司，但你很可能玩过它家的游戏。在只有6个员工的时候，它创造了全球第二赚钱的游戏——部落冲突，仅次于英雄联盟。而如今仅有180个员工的它，能让每人创造出3000万元年利润，这就是腾讯斥资86亿美元收购的Supercell。

从2010年默默无名到如今走上神坛，这是一群屌丝逆袭的故事。故事开始于一间不足30平方米的小房间。2004年，这家公司的6个创立人向芬兰政府借了50万元创业贷款，并成立了这家小小的游戏公司。CEO的电脑摆在一个纸箱上，员工的办公桌也是从废品回收站淘来的。那个时候，Facebook以及PC端网页游戏是最热门的，所以他们的第一款产品也是这个类型，但是没过多久便宣告夭折。

之后，苹果发布了第一款IPAD，Supercell由此看到了机会，并立刻确定了“移动为先”的战略。

2012年的夏天，Supercell的两款手游产品——《部落冲突》和《卡通农场》的开测地点选在了加拿大，从此他们便开始走向事业的巅峰。他们让那些只想依靠复制模仿发财的商家们无计可施。

2012年8月，《卡通农场》上线，《部落冲突》正式全球上

线，该游戏随即迅速占据App Store 游戏收入排行榜前三名达半年之久。这两款游戏为Supercell带来250万美元的单日收入。第二年，Supercell被福布斯称为成长最快的游戏公司。同年，中国国内手游市场也开始复苏，各路创业者和资本纷纷投身手游事业，被行业称为手游元年。但随着泡沫的破裂和资本寒冬的到来，很多游戏公司都遭受重创。这时的Supercell却创下了一个又一个令人惊叹的数字：2013 年营收 5.7 亿美元，2014 年营收 17 亿美元，2015 年营收 23.26 亿美元！

这时，Supercell的员工中有30多个国家国籍，显然Supercell已经成为一个国际化大公司，很难相信年营收23亿美元的Supercell只有180人。

员工多，未必都能为公司创造价值，反而更容易滋生“大公司病”，国内许多游戏厂商就出现过这种问题。繁复的管理流程、大量内耗，甚至对权力的争夺，都制约了游戏创意的产生。Supercell很早就意识到了这一点，因此它一直坚持：找到优秀的人才来打造优秀的游戏，把繁杂的管理制度扼杀在萌芽中。

Supercell中的cell是“细胞”的意思，也代表着Supercell是由许多小团队组成，他们分工合作，并且有充分的独立性来决定要开发什么类型的产品，最后聚合在一起后，就成为一个“超级细胞”。找到优秀的人才来打造优秀的游戏，通过扁平化管理加开放式的工作分配，让繁杂的管理制度通通滚蛋。

Supercell的CEO埃卡·潘纳宁表示：“由于团队非常小，就迫使你只能专注，做最必要的事情，而对于我们来说最重要的就是优秀的玩法。”也许你并不知道，在4款游戏产品大红大紫之前，Supercell可是砍掉了 14 款游戏，很显然，Supercell 认为它们还不够优秀。而每砍掉一款游戏，他们还要举行香槟庆祝分享会。在 Supercell 的企业文化里，放弃并不可惜，更不可耻。为了 1 款产品的成功，他们愿意承担 N 款产品的失败。如果发现产品缺乏成功因素，还不停地对其投入，那才是最大的资源浪费，直接舍弃才是最明智的选择。

2016 年 6 月 21 日，由于腾讯斥资 86 亿美元收购日本软银集团旗下游戏公司 Supercell 的股份及其员工，使得 Supercell 公司的估值新评超 100 亿美元。

埃卡 · 潘纳宁说："我们的梦想是做一款被人们记住的游戏，如果表现足够好的话，希望他们可以玩上十多年，而且我们也希望打造一个可以存在数十年的公司。"

经典案例：

何思德，医药行业转型的先驱者

药品终端网创始人兼CEO何思德，人称老何。2015年12月，药品终端网完成新一轮5000万元人民币的融资。随后，公司启动了股改工作，为在新三板挂牌上市做准备。

说到融资，老何从来没为这事费心过，人们眼中的老何，有着和互联网时代极不相称的低调性格。

认识一个步步为营的老何

多年前，大学毕业后的老何只身前往北京打拼，技术出身的他进入了医疗软件行业。后来，老何不想再继续打工了，便开始琢磨如何创业。他先是开了一家医疗软件代理公司，销售老东家的药品管理软件。

渐渐地，他意识到药品行业中规模小的公司正在锐减，行业发展更多的是朝向集团化，对管理软件信息化、数据化的要求也更高。老何希望能够顺应行业发展做出改进，然而几次飞到老东家去协商沟通，都是无果。

老何觉得不如另起炉灶，去做基于互联网的医药管理软件，自产自销。2005年，老何被落后的软硬件基础和糟糕的网络条件拖累，产品开发受挫。坚持了4年靠拉客户、做项目、赚服务费来养活公司之后，老何考虑不能这样下去了，他认为电子商务大有可为。

之前多年做医药管理软件的经验让老何非常熟悉药品流通的中间链条，他想减少药品流通的中间环节去做一个B2B的药品电商平台。于是，2010年，老何在经营软件销售的同时，又注册了新公司，也就是如今的药品终端网。老何对这个产品的初衷很少提起，却始终未曾改变——持续优化中国药品行业的供应链条。

在“鸡生蛋”与“蛋生鸡”之间纠结的老何

看清了方向的老何被一张小小的“牌照”难倒了，但他的耐心丝毫没有被消磨掉。又过了两年，老何终于争取到了行业信息发布资质，拿到了药品电商的“王牌”——B2B医药电商国A牌照。如愿以偿的老何随即卖掉了之前的软件销售公司，打算专心做事。因为真正的“大敌”还在后面。

上游和下游皆是B2B的命脉。上游是供应方，也就是药企和一级批发商，而下游是药品零售店，两边都很难搞。“到底是先有鸡还是先有蛋呢？”老何以幽默的方式反复问自己。

最后，老何利用曾经销售医药管理软件积累的客户资源，给药品集团客户提供免费的使用和服务，甚至把服务细化到整理药品信息，录入到网站，等等。日积月累，上游供货方渐渐多了起来，带动了下游药品零售店在平台注册使用。

所谓好事多磨，之后的药品终端网的交易数额月环比增速达到30%。这种模式的成功为后面的四川市场积累了用户和经验。老何带头组建了团队，挨家挨户做地推、走访药店，中间遭过白眼，甚至被赶出来……但因为药品终端网能最直接地了解用户痛点，以这种最传统的方式，老何顺利拿下四川地区大批药品零售店的合作，并走出川、渝两地，在福建成立了第三个办事处。

认识一个永不谈颠覆的老何

药品终端网在2014年10月启动了融资计划。12月底，老何才接到经纬中国投资董事喻志云的电话。老何回忆："喻志云是经纬医疗健康投资组的，当时，他对我们的项目充满了质疑。这通电话打了2个小时，喻志云改变了想法，转而觉得我们这个项目非常有意思，第二天，他就飞到了成都，我们面对面又聊了2个小时。后又到北京见张颖，张老大和我聊了有30分钟，说这个项目好，投！有了经纬的支持，我们后续的融资也都比较顺利。后来，险峰华兴的老大陈科屹也给我打了一个电话，我们在电话里就把融资的事敲定了。"经纬中国领投，险峰华兴跟投，金额为2700万元人民币，药品终端网完成了A轮融资。

老何的成功加深了创始人对商业模式的反思，我们需要对自己企业的商业模式越来越精准，越来越专注才行。在项目远景美好，创始人格局够格的情况下，企业有发展，才会不断有资金进入。投资人就是考验你的项目执行能力，这个执行不是你在商业计划书上安排好的发展计划，而是你准备怎样把你的项目落到实处，这对于公司和团队的成长是非常重要的。

第九章

拥抱创业合伙人时代

第十章

培育创业家精神

创业分享：企业家经营企业的要旨在于经营人，而经营人的核心在于经营一个人的思想和价值观，也就是经营灵魂！

——严兆海

拥抱创业合伙人

英国首相丘吉尔说过："世界上没有永远的朋友，只有永恒的利益。"于是很多创业者相信独行侠主义，信奉只靠自己的人生哲学。但回头看那些短命的企业，却往往正是因为在创业初期没有合适的团队结伴而行，才导致了最终的失败。很多人感叹新东方的成功，羡慕阿里巴巴的地位，惊讶小米的爆发力，但鲜有人意识到这点——如果背后没有联合创始人无论高峰还是低谷的不离不弃，很难说企业会有现在的辉煌。对于初创团队而言，合伙人比商业模式重要得多。

首先，我们要认识到合伙人间的沟通原则，即相互理解、相互约束，又相互帮助。你的合伙人会不会对你充满热情的一项提议不闻不问，或者保持沉默？这种隔阂来自哪里？是知识层面、体验层面，还是责任层面、分工层面？

其次，当你和合伙人拥有类似的知识背景，在每一项决策面前都高度保持一致的时候，你必须承担公司的另一个风险，也就是"有油门踏板，无刹车踏板"，在这种情况下公司会非常危险。

还有一种情况更令合伙人痛苦，就是眼睁睁看着合伙人往火坑里跳，你却无能为力。

因此我们要清楚，合伙人必须是性格互补、知识互补、能力互补。同时，合伙人之间必须学会关注与体验对方的工作，当你没有体验对方工作的时候，你无法理解对方提议的重要性，会出现鸡同鸭讲的局面。当合伙人往火坑里跳的时候，你还要做好最坏的打算，以及弥补的准备。

这些看似简单的话其实都是来自于“血泪”的教训。但是第一项，也是最值得我们谨记的原则就是学会拥抱你的合伙人。

猎豹移动CEO、紫牛基金创始合伙人傅盛和小米创始人、天使投资人雷军可以说是合伙人中的典范。当初傅盛以360安全卫士总经理的身份从360离职后，接到了经纬中国创始人张颖的邀请电话，傅盛觉得创业之前也应该学学投资，于是他很幸运地进入创投圈，有机会跟雷军打了一些交道。

后来，傅盛还是认为自己应该创业，于是选择离开经纬中国。不过，他依然面临困惑。傅盛对未来的发展方向把握不准，而且当时正值金融危机，创业能否获得融资都是巨大的疑问。但是雷军仍然劝他创业，在雷军的鼓励下，傅盛创办了可牛影像。他后来回忆说：“反正我手头有十来万块钱，找一个团队，在郊区包一个房子，上层住人，下层工作，每人每月发点生活费，找个阿姨做饭，如能撑一年，说不定事情有转机。”那是傅盛难忘的一段经历，当时他的太太没工作，小孩只有三个月，他把妻儿送回了老家。

雷军给了傅盛很多指导，最重要的一条就是要顺势而为。

在禁业期过了之后，傅盛又开始做安全。雷军知道后，当时就提议让可牛影像跟金山网络合并，由傅盛来全力操盘，以获得一个超速的增长。得知这个消息，傅盛很激动：“当时很激动，可牛在那么艰难的时候，我把老婆孩子送回家，我去老家接孩子，孩子都不让抱，我们从一个民房创业，到现在跟金山合并，那种经历是很难说的感受。”

仅仅在金山安全与可牛合并两年多后，金山网络年营收已突破3亿元。拥有金山毒霸、金山安全卫士、猎豹浏览器等多款产品的金山网络，在百度、360等网络安全巨头的激烈竞争中左右逢源，获得了自己的利益，正式告别了当初合并时人心涣散、毒霸免费、收入大减的尴尬境地。

傅盛拥抱了雷军才能赢得巨大的资源，雷军拥抱了傅盛才能让金山网络脱离原本的困境。这显然是一件双赢的事，也是所有合伙人都期望的结果。

当然了，创业时期拥抱合伙人的同时，也要注意保持公司的基本框架。很多人受阿里巴巴和万科公司的影响，大谈特谈合伙人制度，认为合伙人制度会成为新时代的治理架构。这并不正确，公司制、“三权四会”（股东大会、董事会、监事会、总经理办公会）的制度是人类文明的结晶，是两三百年总结出来的东西，并不会因为互联网时代的来临就过时了。

合伙人制度在普通的经营性公司里是否合适？这个其实是有定论的，阿里和万科的这种做法都是在特殊的股权架构下采取的一种变通的方法，目的是为了控制公司的投票权，为了掌握公司的命运，并不代表普通的公司治理架构已经过时。

所以，创业者在提倡合伙人制度，拥抱合伙人的同时，也要注重公司治理架构的搭建。保持两者的均衡，才能在发展中，既能有外部力量的协作，又可以让内部力量产生支撑。

人品好的合伙人

创业是一条九死一生的路，但乔布斯、马云、马化腾、扎克伯格等成功的企业家把荣耀的光环无限放大，盖住了大街小巷里每一天都在破产、都在倒闭、都在痛苦中挣扎的失败者。

创业其实不仅仅是为了发财，也是为了要去做一件事，是一种生命的体验，是一场信任的重塑，是一次格局的提升。

创业第一件事是要找合伙人，联合创始人比你的商业方向更加重要。

创业很难，尤其是一个人。所以，合伙成了一项非常不错的选择。但新的问题又摆到了创业者的面前，该如何挑选合伙人？什么样的合伙人才是好的合伙人呢？纵观整个世界文明史，所有形态的合伙到最后很少有善始善终的。更惨烈的是，合伙打天下成功之后，在分享胜利果实的这个环节，就发生了各种真实而残忍的斗争。如今，这些历史仍在重演，只不过从打天下变成了创事业。

著名演员罗宾·威廉姆斯曾说："这个人不知道是谁，这个人显然是一个奋斗者。"于创业而言，合伙人的第一要点必须是一名奋斗者，只有奋斗才能促成事业的良好发展。但这好像当模特对身高有硬性要求一样，只是门槛而已。合伙，合的不只是钱那么简单，还有规则、品行。

所谓的合伙人，是你在股权上跟他分享，在荣誉上跟他分享，那么在资金上，他自然跟你分享。在创业的长征路上，他会与你不离不弃，一路走下去。

知名天使投资人、真格基金创始人、新东方联合创始人徐小平曾对挑选合伙人给出了以下几点建议。

必备的品质

首先，徐小平认为合伙人要有人格魅力，还要有经验、人品、团队。公司是创始人的公司，是合伙人的公司，所以，创始人和合伙人的能力一定要在所有人能力之上。

其次，合伙人要做过跟创业项目有关的事，学历不重要，重要的是他有没有做过这件事，

做过这件事，再做同样的事或类似的事一般都没问题。

最后是学习的能力。新东方上市后，当徐小平听到华谊兄弟收购游戏公司的时候很不以为然，认为电影公司收购游戏能干什么。后来，他反思自己这是故步自封。因为娱乐打破了很多东西，像香港的枪战片，永远打不死人，它是一个游戏。

总的来说，徐小平认为合伙人要有三个力：学习力、工作力、影响力。所以，创业者在寻找合伙人时，首先要问问自己有没有这三个力，然后再看看身边有没有愿意跟你一起创造梦想，并拥有这三个力的人。

注重理想

“世界上没有永远的朋友，只有永恒的利益。”受这句话的影响，很多创业者不喜欢挑选合伙人或者合伙团队，或者挑选的合伙人以利益作为桥梁，彼此之间没有理想的连接，导致最终合伙创业的失败。

电影《心灵捕手》里有这样一句话：“什么是你的心灵伴侣？那些可以跟你较劲的，那些能够毫无保留与你沟通的人，能触动你心灵的人。”在创业过程中，只有合伙人，才有这种意愿、资格和能力去和创业者达成心灵沟通。也只有这种人才能在事业可能要失败的时候，与你一起反败为胜。

这些人绝不能合伙

挑选合伙人除了注重他的优点，也要看到他的缺点。徐小平认为有以下经历的人绝不能合伙：

第一，有诈骗经历的人不能与其合伙，他能骗别人，自然也能骗你；

第二，说话不靠谱的人不能与其合伙，因为你永远摸不清他的想法；

第三，对父母不孝的人不能与其合伙，一个人如果连最基本的为人都不行，谈何创业？

第四，言语之间眉飞色舞的人不能与其合伙，因为这类人心浮气躁，不可能扛得住创业的压力；

第五，太讲哥们义气的人不能与其合伙，创业不是“过家家”，商海讲究“稳准狠”，太过义气往往会栽跟头；

第六，经常挑战社会规则和公共道德的人不与其合伙，这类人无论到哪里都是一个麻烦；

第七，斤斤计较的人不能与其合伙，创业过程中难免牵扯到很多利益分割，斤斤计较只会让简单的事变复杂；

第八，喜欢抱怨的人不能与其合伙，因为当低谷来临时，这种人会拖累整个团队；

第九，喜欢多嘴搬弄是非的人不要与其合伙，因为他们的精力会被极大分散，搅得初创团队鸡犬不宁；

第十，善于发现问题但从不主动解决问题的人不要与其合伙，跟这样的人合伙只有一个结果，就是天天给他“擦屁股”；

第十一，推诿、善辩、否认的人不要与其合伙，很多时候创业者和合伙人要承担起很多责任，如果合伙人不能分担这些，那么他们存在的意义就要大打折扣。

不同功能的合伙人

小米是人类历史上达到百亿美元销售、百亿美元估值的发展最快的公司，它有7个联合创始人，每个人都负责不同的板块业务。雷军因上市公司金山董事长和小米创始人的身份而为人熟知，他在小米初期找到其他6个极强合伙人的故事一度被传为佳话。也正因为雷军在找人阶段的“正确投入”，让小米在今天仍然保持着强大的生命力。

雷军曾这样描述他找合伙人的历程。首先，他认识到无论什么样的企业，找优秀的人都很困难。然后，他认为解决这个问题只有两种办法：第一种办法是花足够的时间找人，至少70%的时间占比；第二种办法是把现有的产品和业务做好，展示未来的发展空间和机会，筑巢引凤，吸引好的合伙人上门。

在小米初创期间，规模小，没有实质性的产品。如何组建强大的团队，如何获取合伙人的信任成了摆在雷军面前的最大难题。雷军虽然是连续创业者，但没有涉足硬件行业，尤其是优秀的硬件工程师更是极少接触。

他用了一个很“笨”却很有韧劲的办法：用Excel表列了很长的名单，然后一个个去谈。

雷军认为创业要用最好的人，在核心人才上面，一定要不惜血本去找。他认为真正优秀的人往往已经有所成，你要给予他们答案，为何要舍弃当下的一切和你做看似疯狂的事情。为了找到一个非常资深和出色的业内人士当合伙人，雷军连续打了 90 多个电话。为了说服他加入小米，雷军和他连续不断地交流了整整 12 个小时。

当时那名业内人士没有创业的决心，始终不相信小米模式能盈利，后来雷军开玩笑问他："你觉得你钱多还是我钱多？"他自然回答是已经实现财务自由的雷军钱多，于是雷军就对他说："那就说明我比你会挣钱，不如我们俩分工，你就负责产品，我来负责挣钱。"就这样，他"折服"了。

雷军寻找合伙人除了有耐性、恒心和技巧外，他还非常注重不同合伙人的搭配。比方说，三个月的时间里，雷军见了超过 100 位做硬件的人选，终于找到了负责硬件的联合创始人周光平博士。据周光平回忆说，他愿意加入小米的最后一锤子推力，是雷军跟他说，必要的时候，他可以去站柜台卖手机。

2009 年 10 月，雷军想邀请谷歌中国工程院副院长林斌成为合伙人，和其一起创业做手机。按照林斌的回忆，两个人见面，从背包往外掏手机，林斌掏出七八部，而雷军竟然比他还多两三部。这让林斌很吃惊，他觉得自己因为工作的关系，带着这么多手机很正常，但雷军平时都带着这么多手机，就说明他真的想做此事。

后来，第二次见面，林斌问雷军："做手机要很多钱，你有办法解决吗？"雷军坦诚地回答道："我会尽量找钱，但在找到钱之前，我会拿我自己的钱，我所有的钱，就这么多了。"于是，林斌被打动了，决定加入小米。

雷军后来撰文称，他在小米成立的前半年，用80%的时间来招人，最终招聘到7个牛人合伙，全是技术背景，平均年龄42岁。3个本地加5个海归，来自金山、谷歌、摩托罗拉、微软等，土洋结合，理念一致，大都管过超过几百人的团队，充满创业热情。

创业的时候，我们要学会问问自己，自己本身是否是一名有思想、肯包容、愿意分享、有感染力的合伙人。要懂得在起步之时结伴而行，让不同的伙伴安插在不同的岗位，才能将一件事做到极致。创业之路是艰苦的，山上有老虎，一定要结伴而行，才能一路披荆斩棘、过关斩将，才能够到达你梦想的一半、三分之一，或者百分之百。

阿里巴巴想在港股上市时，因为港交所规定不接受阿里巴巴的合伙人制度，尤其是同股不同权的投票架构，互相之间产生了巨大分歧，最终阿里巴巴选择放弃港股，去美股上市。阿里巴巴有18个合伙人，他们的功能互有重合，也互有不同，共同支撑了这个庞大帝国。

宁愿放弃上市，也不愿放弃其独有的合伙人制度。马云并不是不会算账，在港股上市的好处远大于在美股上市。事实也证明了港交所的错误，时隔几年后，港交所公布上市改革举措，允许不同投票权架构的高增长及创新产业公司在主板上市。

好的合伙人制度是决定创业生死的事情，不管是招募的过程还是坚持的过程，我们都要明确不同合伙人的功能，让他们能够发挥出不同的功效。对于小米而言，像周光平这样的合伙人就适合搞硬件，林斌这样的合伙人就适合做渠道，雷军也曾犯过错，但他最终还是纠正过来了。阿里巴巴的合伙人岗位也曾发生过变动，但一切都以企业战略为准线。我们也该如此，有所坚持的同时也要有所变化，让合伙人这个群体能更好地为创业服务。

相对容易成功的模式

关于创业的成功原因，有很多答案。多数人都认为，创业团队找对人就算成功了 90%，也就是说，创业成员之间的化学反应在很大程度上决定了一家公司能否成功。那么，什么样的团队合作模式才能促成成功的化学反应呢？这需要从创业经验、产品、行业、专业度等四个维度进行分析。

任何人的特征都可以分为检查特征和经验特征。检查特征是可以通过查看对方的工作履历和粗略对话，来从外部测量或观察的特征。经验特征只能通过频繁的互动来观察。这里主要说检查特征。创业经验、专业经验和行业、产品经验是最重要的三个检查特征，这三个维度描绘了一个明确的框架和一系列组合或模式。

模式一：孵化模式

这较为适合初次创业的创业者，他们只有有限的专业经验，他们需要行业和产品的专家进行指导和系统性的帮助。

为什么这种模式受到了欢迎？因为在创业初期，初创团队几乎没有什么可以失去的。他们通常是未婚，没有孩子，很灵活。尽管这些团队在工作上有很多方面都需要学习，但早期他们通常是有现金效率和潜力的，他们不需要或不想要高薪带来的稳定，他们习惯于自己动手。

最重要的是，这些年轻的团队只要有足够的经验看到就会希望能够解决一个行业的问题，而不会因为那些规范而受干扰。

模式二：连续创业

这种模式较为适合这样的团队：他们已经成功创业，拥有广泛的专业经验，并且成为行业或者产品的专家。这种团队在职场上需要学习的东西是比较少的，所以是有效的平衡。他们也为投资者赚了钱，因为这样才能获得资本。作为拥有丰富创业历程的创始人，他们也知道如何吸引人才，进行组织架构，向大客户销售，开拓市场，与投资者合作。当然了，如果他们自己名气足够大，他们以前的行业角色可能有助于让业界注意到他们。

这看似很简单，成功做过一次，那就再来一次。但这也有风险，经验丰富的团队也会犯错误。常见的有融资过多、估值过高、烧钱过快，等等。

模式三：从领导变成创业者

其特征为初次创业，但是已经拥有了广泛的专业经验，已经成为某个行业领域或产品的专家级人物。这看似很美好，但这类人当创始人或者合伙人有一个很大的弊端，他们从一开始就想要高薪水，希望员工为他们做所有事情。他们也许了解很多关于如何管理现有组织的知识，但这和寻找与市场匹配的产品或可扩展销售无关。这样的团队往往会快速烧钱，他们的财务不健康，情绪不和谐，是在冒着真正的风险。经市场验证，这种模式很少能够成功。

综上所述，成功的模式有很多，但都逃不过一个要素，即“顺势而为”。对此，我们可以通俗地理解为做事要顺应潮流，不要逆势而行。顺势而为最大的优势是可以用最小的投入，借助“势”的力量而获得较大的收益，这才是创业者可以选择的一个最容易成功的商业模式。

与合伙人实现共赢

大多数创业公司，特别是科技类的创业公司，往往是由两个或更多股东组成的，可以说，创业公司能否成功度过创业阶段，与合伙人之间能否有效合作有直接的关系。创业公司的合伙人都有其个性和特点，我们经常会看到一些创业公司出现各种各样的管理问题，而这些问题归根结底往往都是股东之间的合作问题。

对创业公司管理理念的再认识：创业公司管理成功的最基础的东西是什么？我认为，因合伙公司的性质产生的管理特点应是创业公司的管理基本点。合伙人之间应合理地分工，有机地合作，以成熟的心态对待必然发生的矛盾，以感激的态度对待合伙人的付出，以健康的方式建立内部制约关系。

当然，合伙创业的目标是共同赢利，那怎样才能顺利实现这个目标呢？首先要选对的人，“三观”必须要正，人品必须要好。要本性善良，诚实正直，宽容豁达，不斤斤计较，不贪图安逸。最重要的是，他愿意为了梦想而奋斗。

此外，挑选合伙人还要注意资源配置。合伙人之间最好能优势互补：一方有资金，一方懂技术；一方会管理，一方懂市场。这样的合伙往往会达到 1+1 远大于 2 的效果。

有了对的人，还要学会做对的事。在合伙创业之前，大家一定要确定共同的目标。必须是双方都感兴趣的事，如果某一方只是想通过投资来赚钱，这样是很难成功的。因为只要遇到困难，那个只想赚钱、缺乏热情的一方会首先想到退出。

所以，要想实现合伙共赢，就必须先做好下面几件事。

签订书面的合作协议

在这份协议中，要明确规定合作期限、各方出资数额、出资方式和持股比例、各自承担的责任与义务、利润分配与亏损分担方法。总之，这份协议必须将合伙人的“责、权、利”明确化、规范化，让每一位合伙人都知悉自己在企业中的地位、应履行的义务和所承担的责任。

值得一提的是，还需要设置明确的退出机制，便于企业根据发展情况对合伙人数量进行变更或缩减。

明确利润如何分配

这是合作协议中最关键、最敏感的问题。有的人投了钱，却不好意思谈利润分配，认为是伤感情的事。但实际上，真的等到利润分配那天再去谈如何分配，反而会乱成一锅粥，既伤金钱，又伤感情。

亲兄弟明算账

企业经营期间，要有独立的财务，清晰的账目。如果你觉得公司刚起步，没必要请财务，那你和你的合伙人可以分别记账，每月对账，这样谁也不敢玩猫腻，谁也忽悠不了谁。只有把账记清楚了，才能够公平公正地分配利润。

沟通第一

在合伙创业过程中，合伙人产生意见分歧怎么办？没必要剑拔弩张，更无须一有意见就退出。正如夫妻不可能一吵架就离婚。我们需要的是沟通，沟通，再沟通。求同存异，继续并肩战斗。

古人云："以铜为镜，可以正衣冠；以史为镜，可以知兴替；以人为镜，可以明得失。"为什么秦始皇能统一六国，成为第一代皇帝？因为他采用了耕占机制。即：抢到十亩田，分战士三亩，杀一个敌人，奖十块钱等。为什么中国农民在改革开放后能吃饱穿暖？因为农民过去是给生产队干，现在是给自己干。为什么每个老板即使在外界没有多少支持的情况下，仍然起早贪黑、无怨无悔？因为老板是在为自己赚钱。为什么员工能够披星戴月、废寝忘食、魂牵梦绕、全力以赴？因为他们在为梦想行动，为荣誉而战。无数历史事实告诫我们，人类的本性是自私的、贪婪的、虚荣的。

只有在合伙创业前将一切可以制衡人性的制度定下来，并且在挑选合伙人上注重品行和资源分配，才能保证合作共赢的可能性最大化。

经典案例：

大义晋商郭台铭

电视剧《那年花开月正圆》精彩地展现了“秦商”的经商智慧。秦商，也就是陕商，如果按地域亲缘关系划分，秦商被认为是中国最早出现的商帮。

其实，除了秦商，中国历史上，尤其是明清时期，山西的“晋商”也曾经叱咤风云。要说如今最成功的晋商，不得不提的是郭台铭。

富士康创始人郭台铭，身家高达上千亿台币。富士康的员工规模大，最高峰时拥有200多万员工，虽然饱受争议，郭台铭却被称为“全球最大的厂长”，富士康每年创造营收超过9000亿元人民币。郭台铭像关公一样讲义气，因此大家非常敬重他，这是创业者需要学习的重要品质。

创业40多年的郭台铭认为，创业需要具备三个条件：分别是坚忍的毅力、向前冲的傻劲、智慧比聪明重要。创业过程中，郭台铭发扬了山西人不怕吃苦、不畏艰险的良好品质。郭台铭的父亲是公务人员，给了他很好的身教，无论有钱没钱，郭台铭都保持着非常节俭的作风。身为山西人的他爱吃面、水饺、包子，每每母亲亲自下碗面给他吃，就能让郭台铭很满足、很舒服。所以他希望自己的企业、自己的员工也给社会一个苦干实干、按部就班、诚诚实实、正派经营的良好形象。郭台铭为了创业也是非常拼的。一年 365 天，一天 24 小时，他都会告诉自己必须要把事做成功。郭台铭说：再好的项目也有失败者，再不好的项目也有成功者，关键是要有创业精神，必须要把所有的精力放在你事业的核心竞争力上。

2016 年，富士康收购了夏普，这无疑是富士康转型，或者说扭转外界对富士康认知的一个好机会。郭台铭表示，夏普是一家有着 100 多年公司文化的企业，他们本身有很好的管理系统。富士康现在拥有自己的电视和面板研发系统，这意味着，富士康不只是做别人的“代工厂”，他们拥有自己的产品体系和技术研究方向，所以如果称富士康只是一家代工厂，就不是那么准确了。

富士康 2017 年的最大动作应该是在美国的投资计划。之前苹果的成功，让富士康搭上了这辆快车并迅速发展。作为苹果手机的独家生产商，过去十年，富士康赚了个盆满钵满。随着美国新总统特朗普的上任，郭台铭非常聪明地选择把新厂建在美国的威斯康星州。而为了迎接富士康落户，特朗普总统给了很多绿灯和各种补贴，甚至在白宫接见了郭台铭。之后更有报道称富士康在美国的工人，年薪高达 30 万元人民币。

公司的战略和业务策略要达到相对稳定的状态，如果战略一直摇摆，业务策略不清，是难以开展绩效管理的，因为公司层面的目标、策略、计划和行动如果不稳定，则难以将其落实到各个部门和岗位，上下之间、公司和个人之间，在目标、计划和行动上要始终保持一致。郭台铭表示，自己非常想念乔布斯。他说：“乔布斯所有的东西都要求做到极致。中国有句老话叫严师出高徒。乔布斯拥有超群的创造力和远见，他看到的是未来。我非常怀念跟他在一起工作的时光，他虽然对你很严厉，可当你需要他的时候，他会用心来帮忙，我觉得他是一个伟人。”

经典案例:

用钱生钱的周炜

善于观察，对投资者来说至关重要。而已经有超过 10 年 VC 行业经历的周炜说自己是做到第五年的时候才明白这个道理。

投资不是简单的“给钱”。虽然近年来无线互联网的兴起，使得“一些新的东西成长得非常快，反而年轻又变成一个优势”，但周炜仍旧认为，投资不是在某一瞬间做出的一个“给钱”的决定。优秀的投资人，除了要提供给创业者专业意见和善意的钱，同时也要成为创业者在商战中的合作伙伴，在关键时刻，给予创业者渠道和资源等方面的帮助。周炜觉得，要是没有足够多的经验，其实很难做到这些。

经历了多次“做出给钱决定”的周炜越来越相信大数据。他从原来“拍脑袋想点子”的时代，到确认“这个世界还是有规律的，即便做早期投资也是有规律的”这个过程，一共用了五年的时间。“统计是绝对不会撒谎的。一个很成功的创业者如果在错误的创业路上，是很难成功的。”这是周炜的经验之谈。

被喜马拉雅CEO余建军称为“最懂平台成长规律投资人之一”的周炜是完全有资格骄傲的。在早期投资的项目中，周炜都是在

A轮投进的。他希望外界能够通过他所投的这些平台，看懂他的投资脉络。

敢投和自律

周炜在2017年4月，带着原KPCB中国TMT团队的大部分成员，一起成立了创世伙伴资本。项目第一期人民币基金是一支15亿规模、为期十年的基金，而美元基金也快速完成了近亿规模的首次封闭。

业内的很多人都用“敢投”和“敢做决定”来形容周炜。在周炜的投资列表中，绝大部分他都是领投甚至独家。而保守的投资人会更倾向于找一堆人一起来投，分散风险。

对于自己的投资风格，周炜更倾向于用“自律”这个词来描述：“我们希望能看明白，不光为什么是这个赛道，还希望能看懂为什么是这个团队，为什么是这个创业者。我们是一家会和创业者一起承担风险的机构，所以自律和真正看懂，对我们这种投资风格的机构而言，非常重要。”在互联网领域，都是“赢家通吃”，比如京东、喜马拉雅、秒拍。导致2017年上半年，整个创投环境趋于保守和偏向线下方向。而周炜却率先带着团队加快了投资速度，在创新金融、中国公司出海、新零售、泛娱乐内容平台等领域投资了10多个项目。在他看来，互联网和新技术依旧蕴含巨大的机会。

“独角兽三定律”

周炜把自己过去十年的经验总结为“独角兽三定律”，用作考察初创企业的重要指导。

第一，越野定律。行业的竞争是马拉松，长跑比赛还是1500米的比赛？前提是你对这个行业未来将面对的到底是沼泽地跋涉还是骑自行车，要有非常清晰的认识；要对这个行业到底会打5年的战争还是1年要结束战斗有非常清晰的认识，所有这些东西都认识清楚了，你才能选对一个选手。

第二，红灯定律。有人问周炜为什么要投喜马拉雅，他们是做对什么了？该做的布局别人也都做了，为什么喜马拉雅成了？

市场上有天才型的创业者，碰到了很幸运；有资源型的创业者，靠获取各种资源让公司高速发展；也有深耕型的创业者，像京东、喜马拉雅都是这一类，他们的动作看上去每一步都是平淡无奇的，但是每一个战略决策做得都比别人早、比别人坚决，执行得比别人好，中间没有出现重大偏差，最后就赢了。这与开车过红绿灯一样，不管开得快慢，下一个红绿灯大家都被拦住了，但只要有一辆车在红绿灯交替的那个瞬间开过去了，之后的差别就很大。

第三，火箭定律。企业有没有能力在不同的阶段，像火箭一样用不同的推进器，该抛掉的推进器和燃料箱就抛掉，当然有不想抛掉的，重新收回来用也很好。创业者要有这种能力，在事业发展的不同阶段，在需要的时候能够引进新的推动力。

第十章

培育创业家精神

后记

我是谁

创业分享：天下兴亡，匹夫有责！中华民族的强大和振兴是我们这一代企业人的使命和责任，需要一批又一批的创新型企业家涌现！

——严兆海

打造创业家精神

如今这个时代，创业无疑成为人们谈论最多的话题之一，不仅老板、企业家在谈论创业，金领、白领、粉领、蓝领在谈论创业，甚至街头刚毕业的小青年也在谈论创业，创业已经成为全民都在参与的事情。可是，创业者必须具备的创业家精神却不是每一个人都具备的。

所谓的创业家精神，来自那些世界知名企业的创始人，诸如松下幸之助、盛田昭夫、史蒂夫·乔布斯、比尔·盖茨等，也同样来自上百万个默默无闻但为经济增长贡献了绝大多数份额的小企业主们。

“经营之神”松下幸之助曾说过：“我的责任就是为公众提供卓越的产品，丰富他们的生活，并给他们带去乐趣。如果我们公司的利润下降、收入减少，就说明我们没有履行我们的社会责任。”作为一名创业者，应该坚信他的事业对全人类都有着重要的意义，坚信能为消费者、员工，当然也包括他自己创造价值。如果缺少这份坚信，那么他就不可能步入事业的巅峰。

纵观全球，凡是伟大的创业家都具备以下四种精神。

强大的使命感

所有伟大创业家的一个共性是：他们能制定聪明的战略并创造

卓越的价值。这就是为什么使命感在创业家精神中高居榜首的原因。

知名咨询企业凯普纳·特里戈公司培训了全球五百万人，创始人本·特里戈曾说过：“当你谈及公司战略的时候，无非就是说你的价值、信念和基本目标。接着是对产品和市场的切实了解。如果不能归结到产品/市场以及先做什么、后做什么的话，你就什么也成就不了。描绘你的组织最终会落实到如下问题：你提供什么样的产品或服务？向谁提供？”

只有强大的使命感才能推动商业计划的落实，因为使命感会驱使着创业者不断地问自己：首先，我们能做什么，擅长什么？这将列出详细清单；其次，我们在所属的市场或希望进入的市场里，有哪些需求还没有得到满足，或是没有得到充分的满足；最后，我们与竞争对手抗衡时，我们的优势在何处？

正是这种使命感推动着一个又一个战略的树立和计划的落实，也推动着事业的高速发展。

强大的产品及服务愿景

创业者对自己的产品自然都会情有独钟，但是他们心里也都清楚，只有让消费者喜爱他们的产品，企业才能最终站住脚，才能赢得相对稳定的市场份额。所以，创业者必须专注于产品和服务，努力赢得消费者的青睐。

所以，创业者在选择市场和产品时，有两个攸关成败的标准。一是市场的需求。从消费者的数量和销量来分析，市场有多大？市场是在上升？下降？还是原地不动？这些需求对市场来说到底有多关键？

是必不可少的？是一种奢侈？还是一种时尚潮流？二是竞争性的定位。与目前市场的参与者相比，你生产的产品或者提供的服务更好吗？更便宜吗？更快吗？

史蒂夫·乔布斯曾说："这款电脑是我们创造出来的最棒的工具……但最重要的是让电脑走进千家万户。"促成这项工作的最大动力就是强大的产品及服务愿景。乔布斯很少谈具体的管理问题，他不会谈最新的财会方法，更不会总是强调苹果电脑如何保持增长。在他脑海中，只有两个基本观念：客户和产品。

乔布斯心里想的只是单纯的，与企业生命力紧密相关的客户和产品的愿景。伟大的创业者总是这样，既关心产品，又关心客户，二者浑然一体。产品和服务是创业家热情的推动力，也应该是公司组织上下的推动力。

快速创新

3M公司素来以产品创新闻名遐迩，该公司有30%的利润都来自新产品。3M的管理者是怎么做的呢？

他们首先会制订一个计划，即在公司的增长战略中强调新产品的核心地位。接下来，他们会围绕产品创新来打造公司文化，他们让产品创新成为公司主要的，事实上是唯一的公司价值观。

索尼公司创始人盛田昭夫曾说过："任何人，只要他的生命维系于创新，就都能创新。"任何时候，发现并创造价值的动态过程才能让公司的竞争力最大化，而创新就是这一切的总导演。

自我激励

创造并维持一个伟大的公司在于管理者对于员工绩效的考核和奖励的承诺。而改变行为的最简单、最便宜、最有效的方法是，确保每个员工都清楚他们的表现所带来的积极或消极的结果。

佩罗系统公司的创始人罗斯·佩罗曾说："我在找人，找那些喜欢赢得胜利的人。如果我没找到，我就找那些憎恨失败的人。"对于企业而言，员工的好胜心和抵触失败的情绪无疑是激励的主要激发点，所以在进行自我激励的时候，如果能恰当结合员工的特性，将取得事半功倍的奇效。

创业家精神不应该仅仅停留在管理者层面，还需要在企业内部发酵，成为一种优异的企业精神，成为员工学习的精神，成为企业上下为之奋斗的精神。

开启创业计划

在我们的生活当中，总有这样一类人，他们非常具有想法，却很少去行动，他们整日做着白日梦，梦想着有一天他们能够实现抱负，能够让财富像馅饼一样从天而降。而且，他们还会时不时地制定各种各样的目标，头天晚上下定决心一定要去努力实现这个目标，第二天依然浑浑噩噩地度过。他们是幻想家，却从不是行动家。他们注定会平凡下去，也注定不会得到幸运女神的青睐。

丘吉尔曾说过："没有行动，就不会有任何结果。"所有的创业故事都在印证一个事实，如果没有行动，即便有一万个创业目标，有再好的创业想法都是无用的。而行动是一种神奇的力量，只有行动才能改变创业者的命运。只要创业者开始了行动，就不会再恐慌、犹豫，行动得来的实践结果也会增加和修正创业思路，减少对未知风险的恐惧。

有这样一个故事。一个穷困潦倒的中年人总想着有朝一日能突然发一笔横财，为此，他常常跑到教堂去向上帝祷告。每一次，他都会这样祈求上帝："万能的主！看在我是您虔诚子民的分上，让我中一次大奖吧！阿门。"可是主并没有给他的生活带来什么改变，他依旧保持着这个习惯，好像是一种习惯动作，教堂的其他人都认为他肯定是一个虔诚的信徒。

有一次，他又无精打采地来到教堂，跪下来祈祷：“主啊，您为什么不让我中大奖呢？如果我能中奖，我会竭尽全力服侍您。求求您，就让我中一次奖吧！只要一次就能解决我所有问题，我愿把一生奉献给您……”他的话还没说完，一个庄严的声音打断了他：“我已经听见了无数次你的祷告。可是，你至少也要先去买一张彩票吧！”

这是一个笑话，也是一个浮世绘般的讽喻。很多创业者就像这名希望中得大奖的中年人一样，一切想法都仅停留于想法，或者停留于无意义的宣誓。但是，世间万物只有行动才会让目标和计划有意义，假如没有行动，一切都将是零。

曾经有这样一个案例，有一家大型公司的分公司，他们的领导阶层素养非常高，有很多高学历的人。但是，这家分公司的工作效益却非常低，业绩也非常不理想，甚至在兄弟公司的帮助下赢得的订单和客户都没能把握住，还被不少老客户抱怨。总公司的管理层非常不解，就派人下去调查。

不久后，原因出来了，原来这家公司开会时不论是谁提出来的方案与计划都会被其他人挑出许多毛病来。一年下来，开了非常多的会议，能够通过的提案却寥寥无几。

总公司的领导经验丰富，具备实干精神，他决定派一位学历不高，但经验丰富，从基层稳扎稳打一步步走上来的人去担任分公司一把手。该名管理者一到分公司，就将分公司管理层召集起来，让他们整理出近一年来各部门提出的各项方案，然后在会议上一个个重新商议。在他的坚持和敏锐洞察下，虽然有不少提案依然受到指责，他仍然给予通过，并安排人员去执行。因为他知道，只要大方向没错，细节上也有可取之处，就值得通过。一切都可以在行动环节进行调整。

虽然在接下来的管理过程中，他也做过不少错误的决定，但公司的运作效率在他的拍板和作风影响下，已经有显著改变。他有一句口头禅："首先把脚迈出去，然后再边行动，边调整。"他始终坚持这种做法，分公司的业绩在年底交出了一份漂亮的成绩，这一切都源自行动力。

老话说"万事开头难"，行动的第一步最难迈出。很多创业者想制订一个极为周全的计划，想考虑清楚各种情况。他们把未来各种可能产生的问题都找出来，然后绞尽脑汁，想办法解决问题。可是，他们痛苦地发现，每当他们绞尽脑汁解决了一个问题后，又会有其他的问题产生。事情变得越来越复杂，最终，他们还未行动就已经否定了自己，被问题压倒了。

被未发生的事情打败，这是梦想创业的人最大的笑话。所以，从现在就开始你的创业计划吧！马克·扎克伯格辍学去经营Facebook，埃隆·马斯克只要认定是好主意就会去做，伟大的企业家总是行动家，他们的梦想在手边，从来不在脑海里。

白手起家的创富模式

“钢铁大王”安德鲁·卡内基出生于苏格兰古都丹弗姆林。父亲威尔·卡内基以手工纺织亚麻格子布为生，母亲玛琪则以缝鞋为副业。父母虽穷，却为人正直，始终充满着积极进取的精神。12 岁的时候，卡内基就随家人移民到了美国，13 岁起开始外出做工，纺织厂的绕线工、信差、电报员，他都干过。

这一段生涯非常清苦，卡内基白天做工，晚上读夜校。14 岁那年，他来到匹兹堡大卫电报公司做信差。虽然对送信路线一点都不熟悉，卡内基却向公司许下诺言，说自己一个星期就可以记熟全城的线路。这也是大卫电报公司的领导之所以接纳他的原因，公司领导被他的精神打动。卡内基遵守诺言，很快就成为熟练工。

在匹兹堡的日子，卡内基走街串巷，熟悉每一家公司的名称和特点，了解各公司间的经济关系及业务往来。这些都成了他白手起家的积累，后来被卡内基称为“爬上人生阶梯的第一步”。

到了 1853 年，拥有高超的电报技术的卡内基被宾夕法尼亚州铁路公司西部管区主任斯考特看中了，聘他去当私人电报员兼秘书，卡内基为了走进更广阔的世界，勇敢放弃了在大卫电报的安逸工作，接受了新的职业。

这一去就是 10 年。在这期间，卡内基凭着自己的勤奋和机灵，24

岁就升任该公司西部管区主任，并逐步掌握了现代化大企业的管理技巧。这种技巧是他后来组织庞大的钢铁企业时所必不可少的。

卡内基是一个脑筋特别灵活的人，他利用自己的岗位特性，接触到了很多投资机会，并且频频参与，积累了不少财富，这为他日后开办钢铁公司提供了经济基础。美国南北战争结束后，百废待兴，国家基建任务非常重。卡内基看准了机会，决定自己创业，他果断地向宾州铁路公司提出辞呈。

当时，钢铁生产经营远没有今天发达和科学，很多生产环节都是分散开的，从采矿、炼铁到最终制成铁轨、铁板等成品，中间需经过许多厂家。这样层层加码，层层盘剥，导致钢铁的成本一直很高。卡内基深知这种弊病，他决心建立起全新的，囊括整个生产过程的供、产、销一体化的现代钢铁公司。他把分散的资金聚集在一起，把以前自己入股的两家公司合并起来，成立了联合制铁公司。卡内基一步一个脚印，最终成为“钢铁大王”，建立了一个庞大的企业王国，成为一个时代的巨富。

卡内基是白手起家的典型，他的所有积累都是靠自己一点点积攒出来的，不管是经验、商业敏感度、早期资金，还是人脉。

白手起家固然比那些早早就拥有强大资源的人创业难度要高，但是万里长城是一块块砖头垒起来的，白手起家意味着强大的是创业自身，强大的是创业者在面对困难的时候能够灵活运用的知识体系。

亚洲首富李嘉诚生于广东潮州，1940 年，为躲避日本侵略，随父母全家逃难到香港，投靠家境富裕的舅父庄静庵。可惜不久，父亲因病去世，身为长子的李嘉诚，为了养家糊口及不再寄人篱下，决定辍学，先在一家钟表公司打工，之后又到一家塑胶厂当推销员。由于勤奋上进，业绩突出，只两年时间便被老板赏识，提升为总经理。那年，他才 18 岁。1950 年夏天，李嘉诚立志创业，向亲友借了 5 万港元，加上自己的全部积蓄，租了厂房，正式创办了“长江塑胶厂”。

后面的故事就为世人熟知了，他开始投资地产，又购入了老牌英资商行“和记黄埔”，成为首位收购英资商行的华人。1981 年，李嘉诚获选“香港风云人物”和“太平绅士”。自从 1999 年被《福布斯》评为全球华人首富以来，李嘉诚连续 15 年蝉联华人首富宝座。

李嘉诚同样是白手起家，固然在他的传奇经历中有很多贵人，但是这跟他的努力、奋进、聪慧和果敢的行动力是分不开的。

此外，国内还有很多白手起家的企业家，比如新希望集团的刘氏四兄弟；出生于贵州边远山区少数民族县城的任正非；19 岁高中毕业拿着父亲给的 120 元从照相馆做起的吉利集团董事长李书福；在街头卖过烟丝、贩过水果、拉过板车、修过自行车的“汽车玻璃大王”曹德旺；出生于浙江东阳农村的一个贫困家庭的“基因巨人”郭广昌；15 岁辍学，做过锻工的万向集团创始人鲁冠球，等等。

白手起家的传奇数不胜数，也仍在延续。只要肯努力，做好一切创业的准备，瞅准时机就开始，你总会有成功的机会。

在风口上的几大行业

小米创始人雷军曾说过这样一句话:“站在风口上,猪都能飞起来。”他并不是在嘲笑某些企业的发展方式,而是在阐述一个事实,“势”大于努力。还有另外一句话是这样说的:“潮水退去后,才能知道谁在裸泳。”放在真实的市场环境中而言,你会发现总有一些行业是具有“风”或者“潮水”存在的,其表现形式往往为巨大的利润和巨大的市场缺口。

针对当前的市场环境,我们列举了以下几种在风口上的行业。

大鳄云集的房地产

从来没有哪一个行业像房地产业这样盛产亿万富翁,各种富豪排行榜上,房地产富豪连年占据半壁江山。随着国家一系列宏观调控政策的出台,全国各地的房价开始松动,但房地产的暴利时代并没有终结。

令人忽视的眼镜行业

根据统计,中国约有 3 亿人配戴眼镜,按每 3 年更新一副计算,每年的市场需求量就达 1 亿副。与此同时,在外行人看来,眼镜业又是一个“说不清、道不明”的暴利行业,有这样一段顺口溜:“20 元的镜架，200 元卖你是讲人情，300 元卖你是讲交情，400 元卖你是讲行情。”可见暴利程度之高。

化妆护理、瘦身减肥等美容行业

人类，尤其是女性，对化妆品的使用要求不单单是防衰老、抗皱纹功能，更追求对脸部不同部位保养的更多功能，因此也产生了大量不同作用、不同效果的化妆品。

利润高的化妆品并不是低端的消费品牌，这里的化妆品是指进口高端产品。SK-II著名的“神仙水”在中国的零售价格为 560 元，而其制造成本不足 10 元。资生堂 650 元/50 克的眼霜连包装成本在内也只有 10 元不到。而欧伯莱那些 150 元左右的低端眼霜成本仅在 3 元左右。之所以价格昂贵，原因在品牌宣传、包装费用和广告费。

婴幼儿用品行业

任何时候，为孩子花钱父母都是舍得的。从市场资料分析得知，婴幼儿用品市场每年将有超过 1000 亿元的市场范围。孩子是家庭消耗的轴心，而且，家长们在为婴幼儿选择衣物、玩具等商品时，特别注重商品的安全性、教育性和个性化，这就使得家长们把目光盯在了婴幼儿用品的专卖店或其大商场的专柜上。

因此，一些质量优秀、价位适中的儿童品牌用品的专卖店运营方式，将成为未来婴幼儿用品市场的主流。

不为人知的殡葬行业

殡葬业的垄断经营，助长了这个行业的漫天要价。据民政部统计，我国每年的殡葬消费达上百亿元。据调查，办一件丧事所需费用令人咋舌，包括火化费、整容费、遗体接运费、租用告别大厅费、租用花圈费等，成本几十元的寿衣、骨灰盒动辄要价上千元。购买墓地或灵塔的费用就更昂贵了，好的地段高达数十万元。

容易误解的日用品行业

日用品是易耗品，也是必需品，其中以个人清洁化学制品利润最恐怖。以牙膏为例，其中最贵的成分——发泡剂成本仅为600元/吨，甚至更低，而这600元的发泡剂足足能够装满6000只最大号的180克牙膏。剩余的有效成分成本更是可以忽略不计，碳酸钙粉末每吨用量成本仅为120元左右，最高级的含氟牙膏，其有效成分——单氟磷酸钠每吨成本不过100元。

汽车后续效劳行业

汽车后续效劳市场，是指消耗者自购车之日起至若干年后车报废之日止，其间若干年在该车上的一切消费所引发的商机，称之为汽车后市场。专家研究分析认为，近20年左右，汽车产业会是中国国家经济发展的支柱产业之一，将坚持较高的发展速度。

许多创业者认为，搞汽车效劳必须有庞大投资。其实，汽车效劳业的资金终点并不如想象的那么高不可攀，独立投资一家汽车效劳企业，发起资金在 10 万到 50 万元之间皆可。

一直存在的医药、保健品行业

据业内人士透露，一个出厂价 12 元的药品，销售价是 40 元，在 28 元差价里，流通成本大概要 7 到 15 元，而所谓的“流通成本”绝大部分是回扣，也就是说，回扣占药价的 30% 到 40%。

在药价虚高的声讨声中，一些平价药房在全国遍地开花。有的平价药房以“比核定零售价平均低 45%”的价格销售。但是，即使降价 45%，仍有利可图，可以想象医药零售业的暴利程度。另外，随着中国人知识水平和支出水平的提高，对健康越来越关心，近几年来保健品市场看好，特别在逢年过节时，保健品销量猛增。

幼儿教育和成人在职教育行业

孩子的教育成了很多中国家庭最大的一项消费支出。望子成龙的家长们，为了孩子的未来，不得不为各种乱收费买单。从幼儿园开始，为了不让孩子输在起跑线上，家长们就不得不给一些高级幼儿园交纳上万元的赞助费。

而在成人教育方面，大学生就业难，重新回炉，白领充电，也给成人教育市场带来了商机。

经典案例：

徐传化，传统企业家成功转型的代表

在杭州这座城市，伟大的企业跟企业家并不止阿里巴巴跟马云。徐传化也是值得大书特书的一个人，这个低调的老人，给这座城市带来了一种精神。

在阿里巴巴成功上市之前，徐传化才是这座城市的首富。

如今的徐传化年过八十，财富达到了400多亿元。但是让很多人想不到的是，在30多年前，徐家曾陷入巨大的困境中。

1961年，徐传化的儿子徐冠巨出生，儿子的到来给徐传化带来了无限喜悦。当时徐传化在磷肥厂工作，而且他靠出售龙柏树苗也赚到了不少钱。徐家当时的家境应该是不错的。

徐冠巨1980年连续两次高考落榜后，去了浙江商业巨人鲁冠球的工厂上班。徐家的生活比上不足比下有余，富足而幸福。

然而，1985年，一切都发生了改变。这一年，年仅24岁的徐冠巨被诊断为溶血性贫血，这是一种非常难治愈的疾病，医生说最好的情况也只能活10年。

徐传化当时就惊呆了，不过儿子徐冠巨倒是非常镇定。为了给儿子治病，徐传化花光了家里所有积蓄，还欠下了2.6万元的债务。

屋漏偏逢连夜雨。由于市场行情的变化，徐传化的树苗生意经营不下去了，偏偏这个时候磷肥厂也倒闭了，他只能领50元的退休金。一瞬间，一切都化为乌有。

靠着50元退休金，不仅无法给儿子继续治病，更谈不上还清2.6万元的债务。

徐传化父子决定破釜沉舟，开始创业。说起来容易，真正做起来哪有那么容易，他们东拼西凑借到了2000元。这点钱能做什么呢？在一个偶然的机会，徐传化在朋友那里打听到做液体皂启动快，所需资金不多，而且市场的需求量很大。

徐家父子马上就在家里搭起了一个手工作坊。他们买不起反应锅，就用水缸和家里的铁锅代替；没有锅炉，就自建了一个炉灶；没有搅拌机，就用纯人工来代替。

在这样简易的条件下，徐传化生产出了第一桶液体皂。他骑着自行车，开始走街串巷去叫卖。在20世纪80年代，市场经济才刚刚起步，各方面物资奇缺，徐家的液体皂一天能卖掉十几桶，几乎每天都卖脱销，这一天下来，徐家父子就能赚到100多块。这几乎是徐传化3个月的退休金。

徐传化跟儿子一起分工，一个负责销售，一个负责生产。第二年，他们就开始给600多个供销社供应液体皂，一年销售额就达到了33万元，赚到了3万多元。他们成功还清了2.6万元的债务，还攒下1万多元，成为那个年代少有的万元户。

随着生意越来越好，徐冠巨的身体似乎也有所好转，他也一心扑在生意上。因为不懂化工知识，徐家父子经常受制于人，他们有时为了买下一个秘方甚至要花掉2000多元，买下之后才知道，秘方就是平时食用的盐。

徐传化决定自学。他们心里非常清楚，要把企业做好，必须要掌握核心技术。徐传化成为徐家第一代研发人员。

徐传化的付出在几年后获得了巨大收获，当时他们成功研发出一款“901特效去油灵”，成功解决了无数印染厂的困难。这款产品背后凝聚了徐家父子在实验室里1000多次的失败体验。

这款产品更是在几年内连续获得了11次国家跟省级的大奖。靠着这款产品，徐家这个小作坊经过10年的发展，在1995年成为全国闻名的浙江传化化学集团。

徐传化跟许多企业家一样，在一个领域做精之后，就会不停扩张自己的商业版图。

徐传化在1995年之后，不断向农业、物流、投资等领域渗透。2002年，徐传化的农业园正式投入运营。2003年他又投入3个亿在杭州萧山建成了物流基地。目前传化物流的价值已经达到了200亿元，在2016年拥有30个公路港。

2016年的新财富排行榜上，徐家父子的财富已经达到464亿元。经过30年的发展，传化集团已经变成年营收在200亿以上的巨型企业。

如果徐家父子当初没有破釜沉舟的决心，他们至今肯定依然陷在因病致贫的困境中，所以说天助自助者。这一点在杭州另外一个富豪马云身上也体现得淋漓尽致。

经典案例：

王卫，受马云敬重的企业家

马云曾经公开表示，他最佩服的霸道总裁就是王卫——顺丰的总掌舵人。王卫和他所带领的企业一样，充满了传奇色彩。王卫创业以来很少接受媒体的采访，就连出版7年的顺丰企业内刊《沟通》上，也从未出现过这位掌门人的面孔。有几次，这本月刊上倒是刊登了王卫的背影或者极其模糊的侧面照。

一次充满戏剧性的经验，终于让王卫在媒体上出现。王卫在2010年春天购买了香港九龙塘喇沙利道的一块地皮，共花3.5亿港元，接着自建两栋4层楼高附带独立泳池的独立屋。这桩买卖引起了《壹周刊》记者的注意。敬业的狗仔队在顺丰深圳总部的写字楼前守候王卫数日才终于拍到了王卫的照片，还以“水货佬做到买屋仔，买757飞机”为题发表了文章，这件事情让王卫很不高兴。

想要一探王卫本尊的可不只是媒体，还有投资银行的经理们。他们可不是出于八卦或者好奇心，而是敏锐地嗅到了金钱的味道。FedEx在2004年计划进入中国市场的时候就接触过王卫。市场传闻说，FedEx以40亿~50亿元人民币的价格希望能收购年销售额13亿元人民币的顺丰，被王卫一口回绝。一位业内知名公司的董事长透露说，当时包括花旗银行在内的很多美国投资商都找过他，希望他能够撮合注资顺丰，一旦成交，将付给他1000万美元的回报。

王卫7岁的时候，一家搬到香港居住。高中毕业后，王卫没有继续上学，而是在香港叔叔的手下做小工。

20世纪90年代初，经常往返于香港与大陆的王卫有时会帮他人捎带货物出入境。由此得到启发，22岁的王卫从父亲那里借了10万元资金，1993年3月26日与5个伙伴合作在广东顺德注册成立了顺丰公司。

那时很多香港人都在广东设厂，都有把样品寄到香港给客户看的需求。王卫想到为何不自己做快递呢？于是，他和别人合作背着背包、拉着拉杆箱每天奔波于香港和广东两地。这就是顺丰速运的前身。

2002年，顺丰在深圳设立了自己的企业总部，顺利转为直营制。随后顺丰开始进入国内高端快递行业。

2003年，为了让顺丰的队伍不断扩大，王卫把目光转向了航空运输。之后与扬子江快运顺利签下合同，顺丰成为国内第一家使用全货运专机的民营速递企业。

2010年，公司拥有8万名员工，年销售额已经达到120亿元人民币，平均增长率50%，利润率30%。

2012年，王卫入围2012CCTV年度经济人物；在《财富》中国最具影响力的50位商界领袖排行榜中排名第46位；《福布斯》中国富豪榜第80位，财富额为75.6亿元人民币。

2013年《福布斯》中国富豪榜中，王卫排名第22位，财富额为237.9亿元人民币。同年顺丰销售额已过200亿元人民币。

2016 年 10 月 27 日，2016《福布斯》中国富豪榜公布，王卫以 185 亿美元财富，排名第四位。

2017 年 3 月 7 日，2017 胡润全球富豪榜大中华区榜单公布，王卫以 1860 亿元人民币财富，排名第三位。

在物流行业高速成长而又细分的关键时期，现金流、信息流和物流将是每个企业都想抓住的方向，这也是顺丰将要开拓的方向。与许多为了融资和企业名声而上市的企业不同，对于顺丰来讲，融合电子商务是企业未来的发展方向。

后记

我是谁

我很任性

我也很要强

我很正直

我也很善良

我很偏执

我也很梦想

……

但是

正因为

我很任性

我很倔强

我才很勇敢
我才很坚强

我就是我
不一样的烟火
独一无二的我
一个敢爱敢恨的我
一个自信满满的我
我才是我自己的主人

我要做到的事
就必须得做到
我许下的承诺
都要全部实现

我要努力做到
自强而不逞强
自信而不自负
严谨而不拘谨
才华而不浮华
主见而不偏见
实干而不蛮干
梦想而不空想

尊荣而不虚荣

果断而不武断

傲骨而不傲气

谦虚而不谦卑

真实而不失真

高贵而不显贵

执着而不混浊

纯粹而不娇脆

大气而不霸气

仁爱而不狭隘

本色而永不变色

知足而永不满足

知行合一

以行践言

追求卓越

永不止步

我是谁?

我

就是

中国网商教育第一人

E时代企业导师——严兆海